한반도 운명과
두 개의 특이점

한반도 운명과
두 개의 특이점

이인배(국립통일교육원) 지음

통일부
국립통일교육원

　정치란 인간의 공존 방식을 마련하는 고도의 지적 작업이다. 인간은 개미나 벌처럼 함께 살아야 하는 존재다. 그런데 개미나 벌처럼 함께 살아가는 방식, 즉 공존의 규칙을 자연으로부터 부여받지 못했다. 여왕벌, 일벌, 수벌은 저마다 숙명처럼 그 임무를 감당하다가 죽는다. 그런데 인간은 왕후장상의 씨가 따로 있냐며 모두가 더 많은 권력과 부를 차지하려 한다. 그래서 인간의 공동체 생활은 늘 불안정하고 갈등이 잠복해 있다.

　공존 생활을 원활하게 해나가기 위한 인간의 규칙은 시대적 여건에 따라 수정 보완되어야 하며, 정치가 그 임무를 감당해야 한다. 그 규칙은 일부분이 아니라 모든 구성원에게 공평하게 적용되어야 한다. 그런데 현실 정치는 오로지 더욱 많은 권력을 확보하고 지키는 일에만 몰두해 왔다. 국민이 정치혐오를 느끼는 근본 원인이다.

우리의 정치적 삶에서 가장 큰 과제는 한민족 전체의 공존적 삶을 구축하는 것이다. 이것이 통일이다. 어쩌면 통일을 고민하는 것은 원활한 공존을 생각하며, 동시에 한민족의 공존적 삶을 고민하는 대한민국 국민으로서 숙명적 과제일 것이다.

내 생각이 결국 여기까지 오고 말았다. 북한 문제를 분석하고 대북 통일 전략을 기획하며 살아온 시간을 지나, 이제는 4차 산업 혁명 첨단기술의 흐름을 얘기하게 되었다. 강단에서, 연구실에서, 그리고 정책 현장에서 북한 핵 문제를 분석하고 그 해법을 모색하며 살던 사람이 새로운 직업을 만났다. 안보학자가 기술 전문 대학의 책임을 맡은 것이다. 학생들의 취업처를 알아보고, 그들의 장래를 고민하며 기술 현장의 변화들을 눈여겨보았다. 그러자 시선이 점점 4차 산업 혁명의 기술 발전 방향에 집중되었다. 마치 정치학자나 안보학자가 아닌 듯, 산업기술 분야 사람들을 만나고 책을 읽었다.

그런 시간을 보내고 다시 안보학자로 돌아왔을 때, 나의 뉴런은 서서히 별개의 두 영역, 즉 북한 문제와 4차 산업 혁명을 연결하기 시작했다. 그리고 그 고민의 한 덩어리가 오늘 세상에 던지는 통일전략과 4차 산업 혁명 간의 융합이다.

이처럼 장황하게 내 인생사를 얘기하는 이유는 왜 뜬금없이 정치학 전공자가 4차 산업 혁명 첨단기술을 논하는가에 대해 변명하기 위해서다. 한 우물만 파서 깊이 있는 연구물을 내놓지는 못할지라도, 다양한 직업을 거치며 살아온 시간이 아마도 새로운 담론을 세상에 펼칠 생각과 힘을 키워 주었을 거라고 믿는다.

몇 년 전부터 4차 산업 혁명과 통일전략의 융합에 관해 생각을 가다듬고 있었지만, 이를 세상에 알리고 설득하기에는 지적으로 턱없이 부족하고 게을렀다. 그러나 여전히 지적 토양은 척박하고 빈틈이 많지만, 혹시 새로움이 서투름의 변명이 될 수 있지 않을까 기대하며 용기를 냈다.

이 글은 완결된 것이 아니다. 통일 과정에 적용될 4차 산업 혁명 첨단기술은 무수히 많을 것이다. 요즘 유행하는 메타 버스 기술도 남북 분단 현실을 극복할 〈또 하나의 세계〉가 될 잠재력이 충분하다. 꾸준히 발전하는 홀로그램 기술은 민족문화 유산을 영구히 보존하는 또 다른 수단이 될 수도 있다. 군사 안보, 문화, 정치, 경제 모든 분야에서 재구성이 필요한 것이 통일의 과업일진대, 4차 산업 혁명의 첨단기술은 각 분야에서 난제를 해결할 치트키가 될 수도 있을 것이다.

이는 추후 연구 과제로 하나씩 풀어 볼 작정이다. 각 분야에서 더욱 전문적인 연구자들이 나의 어설픔을 대신해 준다면 더없이 반갑겠다. 아무튼 이 연구물이 이 땅에 통일 소망이 더욱 풍성해지는 계기가 되기를 바랄 뿐이다.

나를 향한 근사한 계획을 갖고 계신 하나님께서 여기까지 이끄셨다. 내일이 기대되는 오늘이다.

2023년 3월 8일
수유리 국립통일교육원에서, 이인배

차례

1장

한반도의 음모

어쩌면 인류 역사에 처음이자 마지막으로
한반도는 두 개의 특이점을 만나야 할 운명일지도 모른다.

1
미래들futures과 특이점singularity

미래들을 기다리며

우리는 시간의 흐름에 따라 과거, 현재, 미래를 생각한다. 그리고 자동으로 어제는 과거, 오늘은 현재, 그리고 내일은 미래라고 간주한다.

　미래학에서 미래는 다양하다. 일어날 개연성이 높은 미래가 있는가 하면, 일어날 가능성 범주에 드는 미래도 있다. 이것들은 분석 영역의 미래다. 현재까지 발생한 여러 가지 사건의 패턴을 찾아내고 연결해 그다음 단계, 즉 미래를 예측하는 것이다. 미래학은 내일 무슨 일이 일어날 것인가 예언하는 학문이 아니라 〈변화 가능성에 관한 연구〉다. 그래서 미래학을 〈미래들〉에 관한 연구라고 명명하기도 한다.[1]

　미래는 아직 결정되지 않았다. 하지만 현재까지 축적된 상황들과 전혀 별개가 아닌 인과 관계성을 지녀 일정 부분은 예측 가능하다. 물론 자연과학에서는 원인과 결과가 명확히 규명되지만, 인간사에서는 원인과 결과가 명확히 드러나지 않을 때가 많다. 그래서 1970년대 정치학에서 행태주의behavioralism 연구 방법이 제시되면서 사회과학이 과학적인가를 두고 논쟁이 일기도 했다.

내가 미시간 대학교 정치학과에서 공부할 때 전공 기초 수업 교재로 사용한 책에서는 과학의 핵심적 공리axiom를 다음과 같이 지적했다.

첫째, 우리는 자연을 알 수 있다. 즉, 자연 세계는 인간의 이해 능력 내에 있다.

둘째, 모든 자연 현상은 자연적 원인을 가지고 있다. 즉, 초자연적 설명은 과학적 논쟁에서 받아들여지지 않는 증거로 간주한다.

셋째, 자연은 질서 정연하며 규칙적이다. 즉, 우리가 보는 세계는 양상pattern을 지닌 세계다. 다시 말해 같은 조건에서는 같은 결과가 나온다.

그런데 정치철학을 공부하고 싶었던 나는 당연히 인간 행동을 과학처럼 공식화해서 설명할 수 없다고 생각했다. 더욱이 개인도 아닌 국가의 행태에 대한 원인과 결과를 규명하는 것은 불가능하다고 여겼다.

30년이 더 지나, 모집단에서 표본을 골라내는 샘플링 기법이 아니라, 모집단 전체의 패턴을 분석하는 빅 데이터가 유행하는 현재를 사는 학생들에게 〈정치학이 과학적으로 설명 가능한가?〉 질문해 보았다. 정치학은 과학적이기 어렵다는 데 더 많은 학생이 손을 들었다. 많은 사람이 여전히 국가 행위를 과학적으로 예측하기 어렵다고 생각했다. 과학이 아무리 발달해도 한계를 지닌다고 간주하는 것이다.

한발 더 나아가, 예측 자체가 변수가 되어 결과에 영향을 미치는 2차 카오스 이론도 있다. 미국의 토네이도를 예측하기 어렵다고 하지만, 이것은 그래도 1차 카오스 세계라는 것이다. 오히려 증시는 예측 자체가 영향을 미치는 이중 카오스 세계여서 본질적으로 정확한 예측이 불가능하다고도 한다.

미래는 중립적이고 진공관에 존재하는 것이 아니다. 미래는 우리의 개입으로 변화한다. 이러한 미래를 〈실천적 미래〉라고 부르자. 이 미래는 우리가 원하는 미래, 즉 우리가 준비를 잘하면 나타날 또 다른 미래일 수도 있고, 우리가 피하고 싶은 미래일 수도 있다.

도무지 종잡을 수 없는 미래, 특이점

다시 미래학적 논의로 돌아가 보자.

2005년에 레이 커즈와일은 『특이점이 온다 *The Singularity Is Near*』라는 저서에서 1950년대 존 폰 노이만이 처음으로 제시한 특이점이라는 용어를 다시금 끄집어냈다. 양자역학, 경제학, 정보학까지 폭넓은 분야에서 학문적 업적을 쌓은 노이만은 〈기술의 끊임없는 가속적 발전으로 인해 인류 역사는 필연적으로 특이점을 만날 것이며, 그 후 인간의 삶은 지금껏 이어진 것과 전혀 다른 무언가가 될 것이다〉라며 기술 발전이 가져올 인류 문명의 미래를 지적했다.[2]

노이만의 가속과 특이점을 채용한 커즈와일은 인류 문명이 수확 가속의 법칙 law of accelerating returns에 의해 지속적으로 발전한다고 보았다.[3] 쉽게 말하면 인간의 인지적 발전은 한계에 다다르겠지만, 이를 기술적 발전으로 보충함으로써 인류 문명 발전의 가속도가 유지되리라는 것이다. 특히 기술 발전은 이중의 기하급수적 증가를 나타내는데, 그 대표적 예로 컴퓨터의 가격 대비 성능의 발전 속도를 제시했다.

사실 커즈와일이 인류 미래로서 지적하는 특이점은 컴퓨터와 인간이 결합된 초지능 인간의 등장을 말한다. 인간의 통제 능력을 초월하는 로봇의 출현으로 생길 미래는 현재의 예측 범위를 벗어날 것이라고 이야기한다.

그런데 여기에서는 커즈와일의 초지능 인간의 출연으로 인한 특이점을 말하려는 것이 아니다. 오히려 노이만이 지적하는 특이점, 즉 〈도무지 종잡을 수 없는 미래〉로서 특이점이라는 용어를 사용할 것이다.

수학, 물리학 등에서는 기존의 이론이나 법칙으로 설명할 수 없는 특별한 성질을 가진 점을 특이점이라고 부른다. 미래학적 맥락에서는 지금까지의 역사적 발전 경로를 토대로 예측할 수 있는 미래가 아닌, 그야말로 알 수 없는 미래 시점을 특이점이라고 부른다.

특이점은 미래학 분야에서만 사용되는 용어가 아니라, 다양한 분야에서 사용되었다. 가장 쉽게 이해할 수 있는 수학적 용례는 $y=1/x$ 함수다. 이때, x값이 0에 가까울수록 함숫값 y는 급격하게 커진다. 0이 되면 〈정의되어 있지 않기〉 때문에 값을 얻을 수 없다. 무한대라고 부르기는 하지만, 그 값은 얻을 수 없는 것이다.

천체물리학에서도 특이점이라는 용어를 사용한다. 큰 별이 초신성으로 폭발하면 폭발 잔해들이 부피가 없고 밀도가 무한대인 점을 중심으로 무너져 내리는데, 그 한가운데 특이점이 형성된다. 별의 밀도가 무한대에 이르면 빛도

빠져나가지 못한다. 그래서 블랙홀이 생겨난다는 것이다. 이 이론으로 이와 같은 특이점에서 우주가 시작되었다고 설명하기도 한다.

여기에서 특이점을 얘기하는 이유는 이 단어가 한반도의 미래를 설명하는 데 가장 적합할 것이라는 생각 때문이다.

한반도의 경우, 앞에서 언급한 함숫값 $y=1/x$에서 0으로 수렴되는 x값은 무엇일까? 아니면 중력의 극대화로 모든 것을 빨아들여 물리학 법칙이 적용되지 않는 블랙홀로 비유할 한반도의 상황은 무엇일까? 이것에 대해 살펴보고자 한다.

2
첫 번째 특이점: 오래된 숙제, 통일

물리적·제도적 분단

1945년 8월 9일부터 소련군은 한반도의 북부로 들어오기 시작해 15일에 청진까지 남하했다. 그러고는 북한 지역 최남단인 38선 지역부터 점령해 이남 지역과의 인적 왕래, 물적 교류, 통신을 모두 차단했다. 이로써 한반도에 물리적 분단이 시작되었다.

이후 소련군 민정 장교들과 요원들의 주도하에 각급 인민위원회가 조직되어 북한 지역을 실질적으로 통치하기 시작했다. 이 인민위원회 조직을 모태로 1946년 2월 8일 북조선임시인민위원회가 조직되었는데, 이것이 북한 지역의 단독 정권 역할을 수행했다.[4] 이로써 한반도에 이미 남한 지역과 분리된 정치적 실체가 존재하게 되었다.

우여곡절 끝에 한반도 문제는 유엔에 이관되어 1947년

11월 유엔 총회에서 신탁통치를 거치지 않고 한국의 독립과 유엔 감시 아래 인구 비례에 따른 남북 총선거 실시 및 통일 정부 수립안이 결의되었다. 그러나 당시 소련과 북한이 유엔 결의를 거부함으로써, 1948년 5월 10일 선거가 가능한 남한 지역에서만 한반도 역사상 최초로 총선거(전체 인구 1919만 명, 유권자 784만 명)가 실시되었다.

이를 통해 선출된 제헌 국회의원들은 국호를 대한민국으로 결정하고, 7월 17일 헌법을 제정해, 8월 15일 이승만을 대통령으로 하여 대한민국의 수립을 대내외에 선포했다.

북쪽에서는 유엔의 자유 총선거 실시안을 거부하고, 분할 점령과 동시에 소련이 추진했던 단독 정부 조선민주주의인민공화국이 1948년 9월 9일 수립되었다. 이로써 한반도는 물리적·제도적 분단이 완결되었다.

연도	남	북
1945. 8. 15	광복	
1945. 12. 16~25	모스크바 3국 외상 회의, 한반도 임시 정부 수립 및 5년간 신탁통치 결의	

연도	남	북
1946. 3. 20(제1차)	미·소 공동위원회, 임시 정부 수립 문제 논의(결렬)	
1947. 5. 21(제2차)		
1947. 9. 17	유엔 총회, 한국임시위원단 구성	
1947. 11. 14	유엔 총회, 유엔 감시하에서 인구 비례에 의한 남북한 총선거 실시 결의	
1947. 12. 20		북조선인민회의, 헌법 초안 확정
1948. 1. 9		소련, 유엔 한국임시위원단의 38도선 이북 지역 입북 거부
1948. 2. 26	유엔 소총회, 선거가 가능한 남한 지역만 총선거 실시 결의	
1948. 4. 29		〈조선민주주의 인민공화국 사회주의헌법〉 초안 승인
1948. 5. 10	총선거 실시	
1948. 7. 17	대한민국 헌법 제정·공포	

연도	남	북
1948. 8. 15	대한민국 정부 수립	
1948. 8. 25		최고인민회의 대의원 선거 실시
1948. 9. 8		최고인민회의, 〈조선민주주의 인민공화국 사회주의헌법〉 채택
1948. 9. 9		조선민주주의 인민공화국 정부 수립

〈대한민국 정부, 조선민주주의인민공화국 정부 수립 과정〉[5]

우리의 통일 목표

이로부터 85년이 흘렀다.

우리 정부는 헌법을 통해 통일에 대한 목표와 방법을 명확하게 제시하고 있다. 헌법 3조 영토 조항을 통해 〈대한민국의 영토는 한반도와 그 부속 도서로 한다〉라고 명시함으로써 우리의 통일 목표는 분단 이전 상태로의 회복임을 밝히고 있다.

이 영토 조항을 통해 대한민국은 일제 강점기 이전 대한제국 영토의 복원을 목표로 하며, 이를 명확하게 헌법으로 규정함으로써 통일 대한민국이 확장적 영토 야욕이 없고 세계 평화를 지향함을 선언하고 있다.

또한 헌법 제4조에서 〈대한민국은 통일을 지향하며, 자유민주적 기본 질서에 입각한 평화적 통일정책을 수립하고 이를 추진한다〉라고 명시해 통일 대한민국은 자유민주주의 체제를 가지며, 평화적으로 추진할 것을 밝히고 있다. 김일성의 무모한 전쟁을 통한 무력 통일로는 한반도 통일을 추구하지 않겠다고 세계만방에 선언하고 있는 것이다.

대한민국 헌법이 요구하는 통일을 이루기 위해 우리 정부는 1994년 8월 15일 제49회 광복절 경축사에서 김영삼 대통령이 제시한 〈민족공동체 통일방안〉을 공식적인 통일방안으로 유지하고 있다. 통일을 추진하는 기본 철학으로서 자유민주주의를 천명하는데, 이는 세계사적 흐름과 우리 헌법의 기본 정신에 의거한 것이라고 적시하고 있다.[6]

1994년판 『통일백서』에는 민족공동체의 운영 원리인 자유민주주의에 대해 자세히 설명되어 있다. 자유민주주의는 개인적 자유와 권리가 보호되어 자유롭고 평등한 시민이 번영을 누릴 수 있는 사회를 목표로 하며, 자유 없이는 민주가 있을 수 없고, 민주 없이는 진정한 자유와 평화도 있을 수 없다고 선언하고 있다.

〈민족공동체 통일방안〉의 원칙으로 자주, 평화, 민주를 제시하고 있는데, 여기에서 〈자주〉란 통일이 어떤 외부 세력의 간섭도 받지 않고 우리 민족의 역량에 의해 자주적으로 이루어져야 한다는 것을 뜻한다. 〈평화〉란 통일이 전쟁이나 상대방을 전복하려는 방식으로 이뤄져서는 안 되며, 반드시 평화적인 방법으로 추구되어야 한다는 것을 말한다. 끝으로, 〈민주〉란 통일이 민족 구성원 모두의 자유와 권리를 바탕으로 민주적인 통합 방법으로 이뤄져야 한다는 것을 의미한다.[7]

〈민족공동체 통일방안〉은 통일이란 점진적, 단계적으로 이뤄 나가야 한다는 기본 인식을 바탕으로, 1단계 화해 협력 단계, 2단계 남북 연합 단계, 3단계 통일국가 완성 단계로 설정했다.

〈민족공동체 통일방안〉은 김영삼 정부 이후, 김대중, 노무현, 이명박, 박근혜, 문재인 정부를 거치면서 부정된 적이 없는 명실상부한 대한민국 정부의 통일방안이다. 2022년 5월 10일 출범한 윤석열 정부는 2024년 8월 민족공동체 통일방안 발표 30주년을 맞이해, 그간의 국제 정세 변화와 한반도 상황, 과학기술 발전 등을 종합적으로 검토해 업그레이드된 통일방안을 마련할 것으로 기대한다.[8]

통일은 우리 민족의 운명적 특이점

우리의 통일방안은 블루 프린트 성격을 지닌다. 기본적인 원칙과 방향만 제시한 것으로 볼 수 있다. 법과 제도적으로 완전한 통일을 이루는 단계에 이른다고 할지라도, 그 후 사회, 경제, 문화적 통합의 길은 상상 이상의 난관이 따를 수 있다. 통일의 길이 험난하다는 것을 강조함으로써 통일의 열망에 찬물을 끼얹고자 하는 것이 아니다.

자유민주주의를 기본으로 하는 통일에 합의하고 통일 헌법이 마련되어 함께 산다고 통일 과업이 마무리되는 것은 아니다. 어쩌면 그다음부터가 더 험난할 수 있다. 두 정치 체제의 통합이 아니라, 새로운 국가 건설에 버금가는 다양하고 복잡한 과제들이 나타날 것이 자명하다. 그렇다고 지레 겁먹을 필요는 없다. 다만 우리의 상상을 뛰어넘는 문제들이 나타날 가능성도 열어 두자는 것이다.

이러한 측면에서 통일은 앞에서 언급한 것처럼 우리 민족에게 부여된 운명적 특이점이라고 할 수 있다. 통일은 지구상에 마지막으로 남은 분단국가 대한민국이 직면할 역사적 특이점이다.

3
두 번째 특이점: 4차 산업 혁명

4차 산업 혁명 현상의 본질

4차 산업 혁명의 핵심 기술이라고 할 수 있는 인공지능의 산업적 측면을 다룬 스탠퍼드 대학교의 보고서 「2020년 인공지능과 생활」[9]에는 4차 산업 혁명이라는 용어가 한 번도 나오지 않았다. 그뿐만 아니라 백악관에서 2016년 10월과 12월에 발간한 보고서 「인공지능의 미래를 위한 준비」와 「인공지능, 자동화, 경제」에서도 4차 산업 혁명이라는 용어를 사용하지 않았다.[10]

독일은 2011년경부터 사물인터넷IOT, 가상 물리 시스템, 인공지능, 센서 등 기술을 바탕으로 생산, 관리, 물류, 서비스를 통합 관리하는 스마트 팩토리의 구현을 목표로 〈인더스트리 4.0〉을 제시했다. OECD가 산업 혁명이 아니라 차세대 생산 혁명이라고 빗대어 부르는 것처럼 4차 산업 혁명

이라는 용어에 대해 비판적인 의견도 있다.[11]

다른 한편으로 이전의 정보 혁명이나 디지털 혁명, 네트워크 혁명 등으로 불렸던 변화를 산업 혁명의 새로운 버전으로 부르는 것 아니냐는 의심도 있다. 또 지금 벌어지고 있는 변화가 전신(1차), 매스 미디어(2차), 인터넷(3차) 등에 이은 〈4차 정보 혁명〉이라고 부를 수 있는 것 아닌가 하는 문제 제기도 있다.[12] 그런데도 4차 산업 혁명이라는 용어는 사실 우리나라에서 가장 널리 쓰이고 있다.

스위스 세계경제포럼 창립자이자 회장인 클라우스 슈밥이 2016년에 최근의 기술 발전으로 인한 인간 문명의 발전을 두고 〈4차 산업 혁명〉이라고 명명하면서, 이 용어가 급격히 확산되기 시작했다. 아마도 혁명이라는 단어가 우리의 언어 정서에 잘 맞아서일 것이다.

4차 산업 혁명이라는 용어가 적합한가에 대한 논의는 현시점에서 무의미하고, 4차 산업 혁명이라고 일컬어지는 현상의 본질에 대해서는 정리가 필요할 것이다.

첫째, 왜 혁명인가?

처음 혁명이라고 부른 슈밥의 주장을 들어 보자. 혁명은 급진적이고 근본적인 변화를 의미한다고 정의하며, 현재 상황을 혁명으로 봐야 하는 이유를 설명한다. 우선, 변화의 속도다. 그는 이번의 산업 혁명이 선형적 속도가 아닌 기하급수적 속도로 전개 중이라고 본다.

변화의 범위와 깊이 측면에서도 이번 혁명은 디지털 혁명을 기반으로 다양한 과학기술을 융합해 개인뿐만 아니라 경제, 기업, 사회가 유례없는 패러다임 전환으로 나아갈 것으로 전망했다. 그 변화는 〈무엇〉을 〈어떻게〉하는 것의 문제뿐 아니라 우리가 〈누구〉인가에 대해서도 변화를 일으키고 있다는 것이다. 끝으로, 시스템의 충격 차원에서도 국가 간, 기업가 간, 산업 간, 그리고 사회 전체 시스템의 변화를 수반할 것으로 전망했다. 그렇기 때문에 현재의 기술 문명적 변화는 혁명적이라고 해야 한다는 것이다.[13]

둘째, 왜 네 번째 혁명인가?

슈밥은 인류 역사상 네 번의 혁명적 기술이 발명된 것으로 본다. 인류 역사상 생산수단의 혁명적 변화는 수렵·채집 생활을 하던 인류가 농경 생활을 시작하게 된 농업 혁명, 그리고 기계의 힘으로 노동력을 대체하게 된 산업 혁명이 있다. 이 산업 혁명을 다시 세부적으로 나누어, 1760~1840년경에 발생한 제1차 산업 혁명은 철도와 증기기관의 발명으로 시작되었다. 20세기 초 제2차 산업 혁명은 전기와 생산 조립 라인의 출현으로 대량생산이 가능해지면서 시작되었다. 1960년대 시작된 제3차 산업 혁명은 반도체와 PC, 인터넷이 발달을 주도했다.[14] 이를 디지털 혁명이라고 부른다. 그리고 현재는 4차 산업 혁명 시대라는 것이다.

혹자는 디지털 혁명 또는 정보화 혁명 시기의 확장판 아니냐며 반론을 제기하기도 한다.[15] 지난 시기의 디지털 혁명과 가장 큰 차이점은 지난 시기에는 가상 공간과 현실 공간이 명확히 구별되어 있었다는 점이다. 즉 4차 산업 혁명론의 핵심 주장은 인간과 기계의 잠재력을 획기적으로 향상시키는 〈가상 물리 시스템cyber physical system〉의 출현이라고 할 수 있다. 가상 물리 시스템은 실재와 가상이 초연결 환경에서 통합되어 사물도 자동적, 지능적으로 제어할 수 있는 시스템이다.[16]

다르게 표현하면 사물인터넷, 빅 데이터, 인공지능 등을 통해 O2O Online 2 Offline 융합 기술로 초생산 혁명을 이룩하는 것을 4차 산업 혁명적 상황[17]이라고 할 수 있다. 따라서 오프라인과 온라인, 즉 사이버 세계와 현실 세계 간 자유로운 상호 작용이 가능한 혁명적 상황을 4차 산업 혁명이라고 부른다. 과거 PC 시대에는 디지털과 아날로그 세상이 분리되어 있었으나, 이것이 실시간으로 통합된 것이다. 대표적으로 일상화된 사례가 내비게이터다. 내비게이터는 현실

의 교통 체계와 일대일로 대응되는 가상 교통망에서 최적의 맞춤 길을 예측해서 알려 준다.[18]

두 개의 특이점이 만나는 한반도

다시 우리 현실로 돌아가 보자.

이러한 4차 산업 혁명의 기술적 진전은 우리의 일상적 삶을 바꿀 것이다. 그 변화는 이제 시작이며, 변화 양상과 폭과 깊이는 가늠할 수 없다. 그래서 이것이 특이점이 되는 것이다. 이 특이점의 도래를 우리도 피할 수 없을 것이다. 올 수밖에 없는 미래다. 문제는 어떻게 대비할 것인가이다.

이러한 변화에 수동적으로 적응하는 것은 다가올 미래에 무방비로 자신을 노출시키는 것과 같다. 개인의 문제가 아니라 국가의 문제라면 더 적극적으로 개입하고 대비해서 우리가 바라는 미래로 진행되도록 해야 할 것이다. 두 번째 특이점은 4차 산업 혁명이다.

앞에서 살펴본 것처럼 당혹스럽게도 내가 보는 한반도에서의 특이점은 한 개가 아니다. 어쩌면 인류 역사에 처음이자 마지막으로 한반도는 두 개의 특이점을 만나야 할 운명이다.

인류 역사에 처음이자 마지막이라고 하는 이유는 현재

지구상에 분단된 상황으로 남아 있는 곳[19]은 한반도가 유일하다는 점과 대한민국은 현재 가장 급격한 기술문명의 변화를 경험하고 있을 뿐 아니라 이끌고 있다는 점 때문이다. 현재 대한민국은 전무후무할 뿐 아니라 유일무이한 상황에 직면해 있다.

아마도 이러한 인식이 내가 이 글을 쓰게 된 가장 근본적 이유일 것이다.

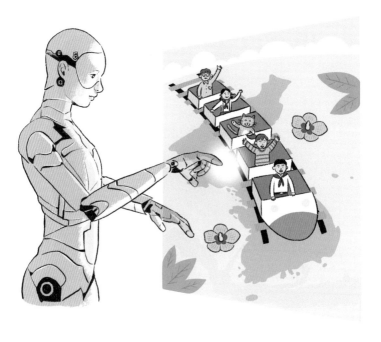

〈두 개의 특이점이 만나는 한반도〉

2장

통일 한반도 개발전략의 최대 변수: 자율 주행차

통일 대한민국의 국토개발 계획을 수립할 때는
자율 자동차 등 4차 산업 혁명 첨단기술에 따라 등장할
다양한 모빌리티를 상정하고 전략을 수립해야 한다.

1
김정은의 철도·도로 현대화 열망

남북 철도 연결 및 현대화 사업 준비

북한 국무위원장 김정은은 2017년까지 ICBM급 탄도 미사
일, 화성 14호와 15호를 시험 발사하고, 트럼프 미국 대통령
과 험악한 말을 주고받으며 한반도 긴장을 최고조로 끌어
올렸다. 탄도 미사일 발사로 한반도 상황에서 주도권을 확
보했다고 판단했는지, 북한은 2018년부터 강경한 태도에
서 완전히 돌변했다.

2018년 신년사에서는 남북 관계와 관련해 〈남조선에서
머지않아 열리는 겨울철 올림픽 경기 대회에 대해 말한다
면 그것은 민족의 위상을 과시하는 좋은 계기가 될 것이며
우리는 대회가 성과적으로 개최되기를 진심으로 바랍니다.
이러한 견지에서 우리는 대표단 파견을 포함하여 필요한
조치를 취할 용의가 있으며 이를 위해 북남 당국이 시급히

만날 수도 있을 것입니다〉,〈북과 남 사이의 접촉과 왕래, 협력과 교류를 폭넓게 실현하여 서로의 오해와 불신을 풀고 통일 주체로서의 책임과 역할을 다해야 할 것입니다〉라며 남북 관계 개선의 신호탄을 쏘아 올렸다.[20]

여기에서 주목할 것은 개성공단과 금강산 관광 재개 의사를 시혜를 베풀 듯 표명하면서, 다른 한편으로는〈철도 운수 부문에서 수송 조직과 지휘를 과학화, 합리화하여 현존 수송 능력을 최대한 효과 있게 이용하며 철도의 군대와 같은 강한 규율과 질서를 세워 열차의 무사고 정시 운행을 보장하도록 하여야 합니다〉라며, 도로 및 철도 건설의 중요성을 강조했다는 점이다.

이어 북한은 2018년 4월 27일 남북 정상 공동 선언문을 통해〈남과 북은 민족 경제의 균형적 발전과 공동 번영을 이룩하기 위하여 10·4 선언에서 합의된 사업들을 적극적으로 추진해 나가며 1차적으로 동해선 및 경의선 철도와 도로들을 연결하고 현대화하여 활용하기 위한 실천적 대책들을 취해 나가기로 하였다〉라는 조항에 합의했다.

2018년 6월 26일 판문점 평화의 집에서 철도협력분과회담이 진행되었는데, 그 회의에서 김윤혁 북한 철도성 부상은〈철도는 경제의 선행관입니다. 북남 철도 협력 사업은 견

인기와 같은 역할을 합니다〉라며 남북 경제 협력을 위해서는 철도 건설이 전제되어야 한다고 했다. 남북철도협력분과회담 공동 보도문에서는 〈남과 북은 동해선·경의선 철도 현대화를 위한 선행 사업으로서 북측 구간(금강산-두만강, 개성-신의주)에 대한 현지 공동 조사를 빠른 시일 내 진행하기로 하고, 남북 철도 연결 및 현대화를 위한 공동 연구 조사단을 먼저 구성하기로 했다.

현지 공동 조사를 7월 24일에 경의선부터 시작하고, 이어서 동해선에서 진행하기로 했다. 남과 북은 우선 7월 중순에 경의선 철도 연결 구간(문산-개성), 이어서 동해선 철도 연결 구간(제진-금강산)에 대한 공동 점검을 진행하며, 그 결과를 토대로 역사 주변 공사와 신호·통신 개설 등 필요한 후속 조치를 추진하기로 했다. 남과 북은 동해선·경의선 철도 연결과 현대화를 높은 수준에서 진행하기로 하고, 이를 위해 철도 현대화를 위한 설계, 공사 방법 등 실무적 대책들을 구체적으로 세워 나가기로 하였으며, 그 결과에 따라 착공식은 조속한 시일 내에 개최하기로 하였다〉라고 발표했다.[21]

이후 〈9월 평양 공동 선언문〉에서는 더 구체적으로 남과 북은 금년 내 동, 서해선 철도 및 도로 연결을 위한 착공식을 하기로 했다.

남북한 철도·도로 연결 사업의 걸림돌

남북 정상 간 합의에 따라 정부는 남북 철도 연결 및 현대화 사업에 본격적으로 착수했다. 유엔 안전보장이사회 대북 제재위원회가 2018년 11월 23일 남북 철도 연결을 위한 공동 조사 제재 예외를 인정했고,[22] 이에 힘입어 2018년 11월 30일 남북 철도 연결·현대화 사업을 위한 공동 조사 사업을 실시했다.[23]

그러나 남북한 철도·도로 연결 사업은 공동 조사 이후 불협화음을 내기 시작했다.

2019년 2월 하노이 회담이 불발로 끝난 이후 북한의 대남 메시지가 비판적으로 변하기 시작했다. 2019년 4월 9일「우리민족끼리」에서는 우리 측에서 북측 철도에 대한 조사 보고서를 국회에 보고하고 언론에 공개한 것을 트집 잡으며 〈착공식도 아닌 착공식을 한 것도 모자라 오랜 시간이 지난 오늘까지 한 걸음도 진척되지 못하고 있는 사태를 수습하는 대신 대화 상대를 자극하고 재조사라는 구실 밑에 시간을 끌어 보려는 불순한 의도를 드러낸 데 대해 놀라지 않을 수 없다〉라고 주장했다. 또한 〈실지로 북남 협력 사업에 관심이 있다면 서푼짜리 부실한 보고서 공개 놀음 따위나 벌여 놓을 것이 아니라 북남 관계의 길목을 가로막고 있는 미국에 대고 할 소리나 똑바로 해야 한다〉라고 보도했다.[24]

2020년 4월 27일 정부는 문재인 대통령의 〈남북 간 철도 연결을 위해서도 우리가 할 수 있는 일부터 해나가겠습니다. 남북 정상 간 합의한 동해선과 경의선 연결의 꿈을 함께 실현해 나가길 기대합니다〉라는 발언과 함께 남북 철도 연결 사업을 재추진할 의사가 있음을 밝혔다.

그렇지만 2011년 10월부터 2016년 4월까지 4년 반 동안 유엔 안보리 대북제재위원회 전문가 패널로 활동했던 일본의 후루카와 가쓰히사 전 위원은 〈유엔 안보리 결의 2371호 12조와 2375호 18조에 따라 모든 나라는 북한과의 합작 사업 또는 협력체를 운영할 수 없으며, 이는 남북 공동 프로젝트에 영향을 미친다〉라고 지적했다. 그리고 〈유엔 안보리 결의 2397호 7조는 어떤 나라도 모든 산업용 기계류, 운송 수단, 철강과 여타 금속류를 북한에 이전하지 못하도록 하고 있다〉라며 한국은 철도 건설에 쓰일 어떤 금속이나 예비 작업에 필요한 어떤 차량도 북한에 이전하는 것이 허용되지 않는다고 그 한계를 설명했다. 미국 국무부도 문재인 대통령의 〈남북 간 철도 연결 추진〉 계획에 대한 VOA(미국의 소리)의 논평 요청에 〈미국은 남북 협력을 지지하며 남북 협력이 반드시 비핵화의 진전과 보조를 맞춰 진행되도록 우리의 동맹국인 한국과 조율하고 있다〉라고 답해 북한의 비핵화 조치가 선행되어야 함을 강조했다.[25]

북한의 핵·탄도 미사일 개발로 인한 유엔 안보리 제재 때문에 남북 철도 협력 사업이 진척되지 않고 있음에도 불구하고 북한은 우리 정부를 비난해 왔다. 2020년 5월 1일「우리민족끼리」는 〈통일부는 해마다 북남 관계 발전을 위한《업무 계획》이니,《시행 계획》이니 하는 문서장들을 발표하면서 북남 관계 개선을 위해 노력한다는 생색만 낼 뿐 실질적으로 하는 일은 하나도 없어《개점 휴업 부서》,《공밥 먹는 부서》로 비난받고 있고, 지금까지 미국의 눈치를 보는 데 여념이 없는 남조선 당국이 마치 언제 그랬던가 싶게 그 무슨《협력》,《교류》타령을 장황하게 늘어놓은 것은 책임을 모면하고 내외 여론을 기만해 보려는 술수에 지나지 않는다〉라고 비난했다.[26]

북한의 자충수

북한은 2019년 2월 제2차 미북 정상 회담(하노이) 결렬 이후 경제는 자력갱생, 국방은 핵무장 강화 노선을 택했다. 북한은 2019년 5월 4일 원산 호도반도에서 〈신형 전술 유도무기〉로 보이는 단거리 발사체를, 닷새 뒤인 9일 서해 해상에서 다시 두 발의 단거리 미사일을 쏘아 올리며[27] 대남 도발을 재개했다.

이후 크고 작은 군사 도발을 지속하다가 급기야 2020년 6월 16일 14시 49분 개성공단 내 남북 공동 연락 사무소를 폭파하기에 이르렀다. 이는 남북 관계를 크게 악화시켰고, 남북 협력 사업에 돌이키기 어려운 치명타를 안긴 것으로 평가된다.

특히 남북한 도로 및 철도 현대화 사업에 치명적 타격을 준 북한의 도발은 탄도 미사일을 발사한 것이다. 전술했듯이 하노이 회담 결렬 이후 북한은 우리를 향해 미사일을 쏘기 시작했다.

2022년 3월 24일에는 대륙 간 탄도 미사일을 발사해 2018년 국제 사회와 약속한 모라토리엄 결정을 스스로 파기했다. 2022년 북한의 미사일 도발은 30여 차례 70여 발에 이르며, 2023년 1월 1일에는 평양시 룡성구역에서 단거리 탄도 미사일을 발사했다. 북한은 다양한 사거리의 미사일을 모든 발사 수단을 총동원해 지속적으로 발사하며 도발하고 있다.

그런데 이동식 미사일 발사대를 이용한 탄도 미사일 발사는 방어 차원에서 보면 더 많은 노력이 필요하다. 고정 발사대는 항시 정찰 위성을 통해 변화 사항을 살피고, 이를 기초로 대비 태세를 갖출 수 있지만, 이동식 발사대를 이용하면 정찰 위성의 감시를 벗어날 수 있기 때문이다. 특히 북한은 2022년 11월 18일 차량에 설치된 이동식 미사일 발사대를 이용해 대륙 간 탄도 미사일을 발사했다. 장소는 평양 순안공항의 민간 활주로와 군용 활주로 중간 지점으로 추정된다.[28]

현재 북한의 대륙 간 탄도 미사일용 이동식 미사일 발사대는 9축 18륜 이동식 미사일 발사대 4대, 11축 22륜 이동식 미사일 발사대 4대로 총 8대로 알려져 있으며,[29] 이동식 미사일 발사대 보유 대수는 총 100여 대로 추정된다.[30]

불가능한 북한의 철도·도로 현대화 사업

언론에서 다루는 것처럼 이동식 미사일 발사대를 이용한 탄도 미사일에 우리가 속수무책인 것은 아니다. 우선, 북한 도로 사정을 보면 이렇게 크고 무거운 이동식 미사일 발사대가 이동할 만한 도로가 많지 않다. 도로 포장률이 10퍼센트에 불과해 길고 넓은 이동식 미사일 발사대가 운행하고,

곡선 도로를 회전할 수 있는 곳이 많지 않을 것이다.

따라서 북한의 도로 상황을 정밀하게 분석하면, 이동식 미사일 발사대 운행 가능 지역을 식별할 수 있어, 이런 곳을 집중 감시하며 타격 준비를 하면 예방적 대응도 가능할 것이다.

더욱 우려스러운 것은 열차를 이용한 도발이다. 2021년 9월 15일에는 평안남도 양덕에서, 2022년 1월 14일에는 평안북도 의주에서 열차에 탑재된 이동식 미사일 발사대를 이용해 탄도 미사일을 발사했다. 철도 미사일 발사 시스템은 열차 칸에 미사일을 탑재한 발사대를 가로로 뉘어 적재한 뒤 발사 장소로 이동해 유압식 덮개를 열고 수직으로 세워서 쏘는 방식이다. 터널 등에 숨어 있다가 발사할 때만 기습 이동이 가능한 것이 강점이다. 거미줄처럼 촘촘하게 각지로 뻗어 있는 철도망을 활용할 수 있어 도로 등에서 쏘는 TEL 방식보다 기동성은 물론 은밀함도 강화된다. 북한 전역 철도 총연장이 5천 킬로미터가 넘는 데다 탄도 미사일을 탑재한 장갑 열차를 여객용 열차로 위장할 수 있어 한미 정찰 자산으로 사전 징후를 포착하기도 어렵다.[31]

따라서 만약 지난 정부에서 추진하려던 북한 철도 현대화 사업이 현실화됐다면 북한의 핵 위협은 더욱 강화되었을 거라고 예상할 수 있다.

북한의 이와 같은 철도 및 차량을 이용한 탄도 미사일 도발은 우리 정부와 국제 사회가 북한의 도로 및 철도 현대화 사업을 원천적으로 불가능하게 만든 사건으로 평가된다. 북한이 이동식 발사대를 통해 탄도 미사일을 발사하는데도 불구하고 우리 정부나 국제 사회가 북한의 도로를 현대화해 주는 등 지원을 계속한다면, 이는 유엔 안보리 결의를 정면으로 위배하는 것은 물론 북한의 탄도 미사일 위협에 대한 방어를 스스로 무너뜨리는 결과를 초래할 것이다.

기차에서의 탄도 미사일 발사가 성공한 상황에서 북한의 단선 철도 시설 복선화, 튼튼한 지반 보강 공사, 철도망 확장 등을 지원해 주는 것 또한 마찬가지다.

따라서 현재와 같이 북한의 탄도 미사일 위협이 다양화·다종화되는 상황에서 북한이 확실한 비핵화로 전환하지 않는다면 북한의 도로 및 철도 현대화 사업은 불가능할 수밖에 없다.

2
북한의 철도와 도로 사정

북한의 철도 현황[32]

북한의 육상 교통망은 철도가 주를 이룬다. 그래서 북한은 교통 구조를 주철종도(主鐵從道)라고 한다. 철도의 수송 분담률이 90퍼센트에 이른다. 세분화하면, 화물의 경우 90퍼센트를, 여객의 경우 62퍼센트를 철도가 감당한다. 이는 북한의 지형과도 관련 있다. 산악 지형인 북한에서는 힘이 좋고 수송 능력이 큰 철도가 유리하기 때문이다. 그래서 북한은 철도를 나라의 동맥으로 생각한다.

북한의 철도 총연장은 2020년 기준 5,296킬로미터로 한국의 철도 총연장 4,154킬로미터보다 1.3배 더 길며, 전철화율은 81.2퍼센트에 이르러 한국의 전철화율 73.5퍼센트보다 진척된 상태다. 수치로만 보면 북한의 철도 상황이 한국에 뒤지지 않는다.

그렇지만 철도망 연장의 97퍼센트가 단선 구간으로 이루어져 있고, 전철의 경우 평균 속도가 시속 30~50킬로미터(산악지대는 시속 15킬로미터)에 그치는 것으로 조사되었다. 경의선을 중심으로 철도 현황을 조사한 결과에 따르면, 대부분 구간에서 유지 및 보수가 제대로 이루어지지 않아 레일, 침목, 도상 상태 불량으로 궤도(선로) 전체의 개선이 필요한 것으로 평가되었다.[33]

실제로 철도 시설 노후화가 심각해 열차 연착 사태가 자주 발생하며 대형 사고 위험도 매우 큰 것으로 알려져 있다.

북한의 교통 체계에서 중심을 차지하는 철도망은 여러 가지 면에서 북한의 경제력 향상에 제약 요인으로 작용하는데, 대표적인 몇 가지 문제점을 짚어 보면 다음과 같다.

첫째, 철도 수송이 개별 목적지까지 연결되지 않아 도로가 이를 보완해 줘야 한다. 그런데 이마저 미흡해 경제성장에 방해 요인이 되고 있다.

둘째, 북한의 철도는 주로 전기화되어 있다. 전기 기관차가 디젤 기관차보다 열차 편당 수송 능력이 2배 이상 되고, 산악 지형에도 적합하기 때문이라고 한다. 그런데 1990년대 이후 만성 전력난으로 어려움을 겪어 전기 기관차 중심의 북한 철도 체계는 철도 수송을 더욱 어렵게 한다.

셋째, 전체 노선의 98퍼센트가 단선이어서 신속한 물류 수송에 큰 제약 요인으로 작용하고 있다. 정거장에서 대기하는 시간이 많아 전체 열차의 운영 효율이 낮고, 수송량을 늘리기 위해 열차의 화차량을 늘리기 때문에 그만큼 운행 속도 또한 느릴 수밖에 없다.

북한의 도로 현황[34]

북한의 도로는 철도를 보조하는 운송 수단으로, 철도역과 주변 지역 간 연결 기능을 담당하며 주로 150~200킬로미터 내 단거리 운송 위주로 건설되었다.

2019년 기준 북한의 도로 총연장은 2만 6,180킬로미터로, 한국의 11만 1,314킬로미터 대비 23.5퍼센트 수준이다. 그리고 고속도로는 658킬로미터로, 한국의 4,767킬로미터 대비 13.8퍼센트에 불과하다. 질적인 면에서도 고속도로를 제외한 도로 포장률은 10퍼센트 미만이며 간선도로 대부분이 왕복 2차선 이하다. 고속도로도 포장이 되어 있기는 하지만, 유지 및 보수가 제때 이뤄지지 않아 균열이 심하고 제 기능을 하지 못하고 있다.

그리고 폭원 2.4미터 이하 1차선 도로가 전체의 43.5퍼센트이며, 5급과 6급 도로의 경우 사람들이 통행할 수 있는 도로변 갓길이 없어 우리나라 기준으로는 도로라고 보기 힘들다. 또한 산악 지대가 많은 지형 특성상 교량과 터널이 많은데 대부분 노후해 안전 문제가 심각한 상황이다.

노면도 균열이 심하며 평탄성이 낮아 평균 주행 속도가 시속 50킬로미터 이하로 제한적이고, 도로 안전시설 설치도 매우 미흡하다.

북한은 한국 전쟁 이후 1970년대 중반까지 전쟁으로 파괴된 도로 복구 및 보수 정비에 주안점을 두었다. 따라서 신규 도로 건설이 거의 이루어지지 않아, 1965년부터 1975년까지 북한의 도로 총연장은 2만 킬로미터로 변화가 없었다. 1978년 최초로 평양-원산 고속도로가 건설된 이후 1989년 원산-금강산, 1992년 평양-개성, 1993년 평양-강동, 1996년 평양-향산 고속도로 등이 차례로 개통되었다. 그러나 도로 인프라에 대한 투자는 2000년대 이후 본격적으로 진행되었다.

한국에서는 도로가 여객의 84.6퍼센트, 화물의 91.4퍼센트를 수송하지만, 북한에서는 도로가 여객의 24.9퍼센트, 화물의 6.1퍼센트를 감당하고 있다. 따라서 북한 도로의 수송 분담 비율은 12퍼센트로 매우 낮다. 또한 2018년 북한의 자동차 보유는 약 28만 대로 한국의 2320만 대 대비 1.2퍼

〈북한의 주요 도로 현황〉

센트에 불과하다. 도로가 주력 교통수단이 되지 못한 것은
지형 여건과 주민의 이동 통제, 유류 부족 등에 기인한다.

3
통일 후 동독의 철도와 도로 개발 사업

준비된 동독 지역 개발

통일 이후 북한 지역의 낙후한 도로, 철도 개발 사업을 검토하기에 앞서 통일을 미리 경험한 독일 사례를 잠깐 엿보자.

독일 통일 과정에서 동독 지역 개발은 통일 이전에 이미 계획되고 제도적으로 준비되어 있었다는 점에 주목할 필요가 있다.

독일의 공식적 통일(1990년 10월 3일) 이전인 1990년 5월에 이미 〈동서독 간 통화·경제·사회 통합 창출에 관한 조약〉을 보완하기 위한 공동의정서에서 구동독 지역의 건설 활동을 법적으로 뒷받침할 제도를 빠른 시일에 구축하도록 규정했다. 이로써 공식적인 통일 이전부터 과도기적으로 서독의 건설 관련 규정들을 준용해 동독 지역에서 본격적인 건설 활동이 허가되었다.[35]

통일 이후 독일 연방 정부는 동독 지역의 경제 재건을 위해 여러 가지 투자촉진 정책을 추진했다.

〈공동과제 지역 경제구조 개선사업〉은 민간 기업의 동독 지역 투자에 대한 투자 비용 보조와 기반 시설 지원 등을 통해 민간 자본 유치와 고용 창출에 커다란 기여를 했다. 〈통독 교통 프로젝트〉, 〈텔레콤 2000〉 등의 사업도 교통 및 통신 인프라 개선에 중요한 역할을 했다.

또한 연방 정부와 주 정부가 공동으로 추진한 도시 정비 사업을 통해 전체 주택의 절반 가까이가 개보수되거나 신축되었다. 이처럼 정부의 적극적인 투자로 동독 지역의 사회·경제 인프라가 크게 개선되어, 동서독 간 인프라 격차도 상당 부분 줄일 수 있었다.

통일 독일의 교통 인프라 개발 사업

통일 후 동독 지역 생산 기반 확충을 위해 가장 먼저 추진한 인프라 개발 사업은 교통시설 확충이었다.

우선, 미약한 동서 간 교통망 확충 사업이 추진되었다. 〈독일 연방 교통계획 1992〉에 따라, 서독 지역에서는 기존 교통망 확충을 지속적으로 추진하고 동독 지역에서는 낙후된 교통시설을 신속히 개선하는 장기 계획을 수립했다.

이 교통계획에 따른 총투자액은 1991~2012년에 5388억 마르크(도로 38.9퍼센트, 철도 39.7퍼센트)였다. 이는 동독 지역 전체 투자액의 약 39퍼센트 수준이었다. 그러나 이러한 계획을 뒷받침할 실질적인 재정 확보가 이루어지지 못하고 각종 사업의 추정 비용조차 비현실적인 것으로 나타나자, 연방 정부는 더욱 합리적인 평가 모형을 통해 개별 프로젝트의 타당성을 재검토했다. 연방 정부는 4년이라는 계획 기간을 갖는 연방 철도, 도로, 수로 투자 프로그램을 통해 지금까지 제시되었던 모든 교통 프로젝트를 종합적으로 재검토해 더 현실적인 사업 추진 계획과 재원 확보 방안을 마련했다.[36]

통일 이후 1991년부터 1998년까지 동독 지역에는 교통, 도시 개발, 공동 과제 사업, 노동시장 안정화, 연구 개발 등의 분야에서 총 9680억 마르크의 투자가 이루어졌다. 이것은 동독 지역 주민 1인당 5만 4천600마르크에 해당하는 투자 규모로, 서독 지역의 4배에 달하는 수준이다.[37]

1997년 말까지 1,150킬로미터의 철도 노선이 개선되었고, 70킬로미터의 고속도로가 신설되었으며, 850킬로미터의 기존 고속도로가 확충되었다.[38] 이와 같은 투자로 철도의 전철화율은 1989년 26퍼센트에서 2007년 51퍼센트로 향상되었고, 도로 건설로 국토 면적당(km^2) 연장이 1989년 0.02킬로미터에서 2007년 0.03킬로미터로 증가했다.

교통 부문의 발전은 동독 지역의 접근성을 크게 개선했다. 철도교통의 경우 국내외 주요 도시까지 최대 소요 시간이 서독 지역보다 낮게 나타나 철도 부문의 개선 효과가 컸음을 알 수 있다.

독일은 통일 이후 교통 인프라를 전면적으로 확충해 동독과 서독의 물리적 통합의 실질적인 기반을 마련했다. 통일 이전에는 철도로 3시간 넘게 걸리던 베를린에서부터 라이프치히 구간이 지금은 고속철도로 1시간대에 접근할 수 있다. 구동독 주민들은 어디에서나 30분 안에 고속도로망에 접근할 수 있다.

구동독 지역의 교통 인프라 확충은 구동독 지역 사회의 발전을 견인했다. 그뿐만 아니라 서독과 동독은 물론이고 동유럽 국가와의 인적·물적 교류가 활성화됨에 따라 구동독 지역의 사회·경제적 발전을 유도하고 산업 기지의 입지 여건을 개선했다.

4
한반도 종합국토개발 계획

한반도와 대륙의 연결

우리나라의 경우 국토기본법에 따라 국토교통부 장관이 국
토종합계획을 수립하게 되어 있다.

이 국토종합계획은 국토 발전의 기본 이념 및 바람직한
국토의 미래상 정립에 관한 사항을 담도록 하고 있다. 이에
따라 정부는 2019년 국토종합계획을 수립했다. 공간적 범
위는 한반도 전체이며, 시간적 범위는 2020년부터 2040년
까지 20년간의 중기 계획이다.

이 계획에서 우리가 논의하고자 하는 남북 교통 인프라
와 관련한 내용을 살펴보자.[39]

우선, 눈에 띄는 것은 익숙한 경의선, 동해선을 중심으로
교통 인프라 연결을 단계적으로 추진하는 사업이다. 한반
도 서해 지역(서울-개성-평양-신의주)과 북·중·러 접경

지역(중국 동북부-극동 러시아)의 철도와 도로 기능 정상
화 방안을 모색하겠다고 제시하고 있다. 철도는 남북 연결
(경의선, 동해선)과 북한 간선 철도망 성능 복원에 중점을
두고 검토하되 단계적인 고속화 방안도 모색하고, 도로는
경의선과 동해선의 기존 도로 개보수 또는 신설을 통해 남
북 연결 방안을 마련하고, 동아시아 및 북한 동부·극동 러
시아와의 연계까지 검토하기로 되어 있다.

접경 지역 공동관리 및 이용을 위한 실질적인 협력 확대
차원에서 기존 남북 연결 도로의 복원 및 접경 지역 도로 교
통망 확충을 제시하고 있다. 이를 위해 국토종합계획에서
는 통일 이후 한반도와 대륙을 연결하는 야심 찬 계획도 수
록하고 있다. 광역두만개발계획, 유엔 아시아태평양경제
사회위원회, 국제 철도협력기구 등 국제기구를 활용해 한
반도와 대륙 간 제도적 연결성을 확보[40]하겠다는 것이다.

이와 더불어 한반도 남북 철도를 유라시아 대륙 횡단 국
제 수송 노선인 중국 횡단 철도, 몽골 횡단 철도, 시베리아
횡단 철도와 연결 사업, 유엔 아시아·태평양 경제사회위원
회와 아시안하이웨이 협력 사업, 대륙 연계 철도 노선에 블
록트레인 확대, 도로·항공·물류·철도 등의 인프라를 복합
적으로 활용해 유라시아 주요국과 교통 물류 네트워크를

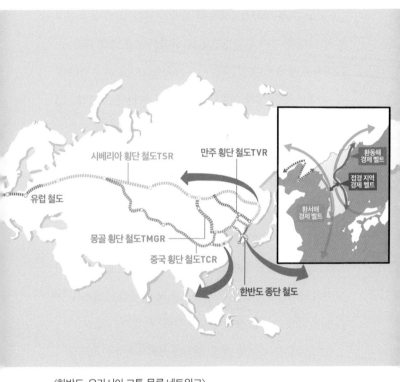

〈한반도-유라시아 교통·물류 네트워크〉

시베리아 횡단 철도TSR

만주 횡단 철도TVR

유럽 철도

몽골 횡단 철도TMGR

중국 횡단 철도TCR

한반도 종단 철도

환동해 경제 벨트

접경 지역 경제 벨트

환서해 경제 벨트

구축하는 사업도 제시해 놓았다.

한반도를 넘어 유라시아 대륙까지 범위를 확장하는 만큼, 교통수단의 속도도 중요한 문제가 된다. 따라서 초고속 열차 시대 동북아 일일생활권을 구상하며 초고속 열차, 하이퍼루프 등을 이용할 경우 서울, 부산 등 주요 대도시와 동북아 주요 도시(단둥, 선양, 베이징, 블라디보스토크) 간 일일생활권 형성 계획도 함께 담고 있다.

통일 이후, 교통 인프라 개선 사업

우리나라의 국토개발계획은 기존 도로의 확장을 주로 다루고 있다.

도로 간 연결성과 안전성을 높이는 방향으로 계획되어 있다. 특히 유라시아 연결 사업으로 넘어가면, 도로보다는 철도 사업에 초점을 맞춘 인상이 깊다.

통일 이후 도로 상황을 전망한 연구 결과가 하나 있다.

이선하(대한교통학회 부회장) 공주대 교수 팀은 2016년 연구에서 북한 교통 인프라 개발 수요를 예측하며 현재 한국의 인구 대비 교통 수요를 감안해, 교통 인프라 건설 추진을 제안했다. 북한이 경제발전 등을 통해 현재 한국 수준으로 승용차를 보유(1천 명당 300대)하면 북한의 6개 고속도로 가운데 평양-순안 고속도로(하루 13만 대)와 평양-향산 고속도로(하루 11만 대)의 교통량이 가장 많을 것으로 예측하고, 평양 주변 도로의 경우 평양-개성(13만 대)과 평양-화천(9만 6천 대) 구간의 교통량이 많을 것으로 추산했다. 그리고 남북이 통일될 경우에는 개성공단까지 연결되는 통일대교(개성-파주)의 교통량이 하루 17만 5,687대로, 과부하가 걸릴 거라고 내다봤다.[41]

종합하면, 북한의 현실로 볼 때 통일 이후 한반도 전체의 균형 잡힌 교통 인프라 개선 사업이 필요하다. 독일 통일 이후의 정책 추진 사례에서도 명확히 알 수 있다. 독일의 경우에는 통일 이전에 교통 인프라 개선 사업을 미리 계획해, 통일 이후 10년 동안 집중적으로 동독 지역의 열악한 교통 여건을 개선해 나갔다.

그렇다면 어느 정도 수준으로 얼마만큼의 교통 인프라 건설 사업을 계획할 것인가 생각하기에 앞서, 두 번째 특이점인 4차 산업 혁명의 첨단기술을 대입해 보자.

5

한반도 국토개발 전략에 자율 주행차를 입력하라

자율 주행 기술의 발달

모빌리티는 인류 역사에서 가장 중요한 이슈 중 하나다. 인간은 물리적 거리를 극복하기 위해 많은 시간과 노력을 투자해 왔다. 앞으로도 다가올 미래에 효율적이고 체계적인 모빌리티를 제공하기 위해 인간은 더 많은 투자를 할 것이다.

또한 새로운 기술 개발과 실용화도 교통 수요를 크게 변화시킬 것이다. 가까운 미래에 전기차 등 친환경적이고 저비용의 새로운 수단이 개발되고 차량의 연비 효율성도 크게 개선될 것이다. 그런데 국토개발 측면에서 볼 때, 새로운 차량 동력원 변화만으로도 상당한 에너지 절약이 가능하다. 이는 단순한 에너지 절약 문제가 아니라 국토개발에서 필요한 발전 시설이 그만큼 줄어든다는 의미에서 주목할 필요가 있다. 현재의 내연기관, 휘발유 엔진 에너지 효율은 25~30퍼센트 수준으로 알려졌다. 그런데 전기 자동차로 바꿀 경우에는 에너지 효율이 획기적으로 개선된다. 즉, 2015년 현재 전기 자동차 생산 선두 기업인 테슬라의 경우 1세대 전기 자동차가 88퍼센트의 에너지 효율을 보이는데, 10년 이내에 99.99퍼센트에 이를 것으로 예측했다.[42]

내가 주목하는 것은 4차 산업 혁명 첨단기술의 총아인 자율 주행차다.

자율 주행차는 차량 스스로 주변 환경 인식, 위험 판단, 주행 경로 계획 등을 통해 운전자 주행 조작을 최소화하고 독립적으로 안전 운행이 가능한 인간 친화형 자동차다. 미국 도로교통안전국은 인간 개입 여부에 따라 자율 주행차를 5단계로 구분하고 있다.

자율 주행차의 발전 단계에 따라 자동차가 스스로 주행 환경을 인지해 위험을 판단하고 주행 경로를 제어하면서 운전자의 주행 조작을 최소화한다. 차량 스스로 운전하는 자동차가 되는 것이다.

자율 주행차가 완벽한 5단계 성능을 갖추기 위해서는 자율 주행차의 눈에 해당하는 카메라 센서는 최소 250미터 이상 볼 수 있고 포착된 영상을 AI 기술과 접목해 운전자에게 경고할 수 있어야 한다.

현재 초음파 센서를 통해 전방 물체와 정확한 거리를 측정하는 기술을 개발하고 있다. 그뿐만 아니라 주변을 탐지하는 레이더와 차량 주변 100미터 이내 환경을 모든 각도에서 인지해 3차원 정밀지도로 구축하는 라이다도 개발 중이다.

많은 기술이 이미 확보되어 있으나 가격이 너무 비싸 상용화에 어려움을 겪고 있다. 이처럼 다양한 인공 감각기관을 통해 수집된 정보를 판단하고, 차량을 제어하기 위해서는 고성능 프로세스가 필요하다.

자율 주행차와 5G 통신망

수집된 정보를 차량 간, 중계망과 소통하기 위해서는 통신망이 필요하다. 정보량이 커지는 만큼 통신망의 고도화가 뒷받침되어야 한다. 그래서 자율 주행차의 핵심 기반 기술로 5G 통신망을 지목하기도 한다.

국제전기통신연합의 정의에 따르면, 5G는 초당 20기가비피에스 이상의 속도로 전송할 수 있어야 한다. 이 속도는 1기가 정도의 영화 콘텐츠를 1초에 전송할 수 있는 속도로 4G 이동통신인 LTE보다 20~40배 빠르다. 통신 지연에

출처: 박선후, 「5세대 이동 통신(5G)이 가져올 미래: 중소 통신 장비 기업에게 호재인가?」, IBK 경제 연구소, 2018년, 13면.

따른 자율 주행차의 제동 거리도 4G와 5G가 큰 차이 난다. 4G의 경우에는 지연 시간이 0.03~0.05초로 제동거리가 81~135센티미터에 이르는 반면, 5G의 경우에는 지연 시간이 0.01초로 제동거리가 2.7센티미터여서 30~50배가량 짧아진다.[43]

최첨단 정보통신 기술을 장착한 자율 주행차의 등장은 미국 유수 연구소들의 연구를 통해 그 편의성이 분석된 바 있다. 자율 주행차 개발에서 선두를 달린다고 해도 과언이 아닌 구글의 경우, 완전한 자율 주행차가 현실화되면 교

2장 통일 한반도 개발전략의 최대 변수: 자율 주행차

통사고 발생률과 불필요한 통행이 각각 90퍼센트 감소하고, 자동차 보유도 90퍼센트 감소할 것이라고 포부를 밝혔다. 그뿐만 아니라 우리나라에서도 자율 주행 자동차의 시장 점유율이 100퍼센트인 경우를 가정할 때, 도로용량이 1.5~3대까지 증가할 것으로 예상되었다.[44]

미국의 자동차협회를 비롯한 자동차 관련 연구소들의 연구 결과는 구글의 포부에 미치지 못한다. 하지만 미국에서 교통사고 관련 비용은 연간 4천억 달러 감소하고, 연간 통상 통행 시간은 48시간 감소하며, 5~10퍼센트에 불과하던 자동차 활용성은 75퍼센트 이상까지 향상될 것으로 평가했다.

단계	정의	개요	자율 수준
0레벨	비자동	• 항시 동적 운전에 대한 조든 것을 운전자가 담당	
1레벨	운전자 보조	• 운전 환경에 대한 정보를 이용해 핸들 조작과 가속/감속 모두에 대해 운전자를 도와주는 단계 • 그 외 다른 동적 운전에 대해서는 운전자가 담당	

2레벨	부분 자율 주행	• 운전 환경에 대한 정보를 이용해 핸들 조작과 가속/감속 모두에 대해 운전자를 도와주는 단계 • 그 외 다른 동적 운전에 대해서는 운전자가 담당	Hand Off
3레벨	조건적 자율 주행	• 운전자의 적절한 대응 없이도 모든 동적 운전을 자동화하는 단계	Eyes Off
4레벨	고도의 자율 주행	• 운전자의 적절한 대응 없이도 모든 동적 운전을 자동화하는 단계	Mind Off
5레벨	완전 자율 주행	• 사람이 운전할 수 있는 모든 도로와 환경적 조건에서 완전한 자동화가 가능한 단계	Driver Off

〈미국 도로교통안전국의 자율 주행 기술 단계(2016년)〉

2장 통일 한반도 개발전략의 최대 변수: 자율 주행차

카셰어링 서비스 활성화

자율 주행차의 발달과 확산은 단순하게 운전자의 편의성에만 기여하는 것이 아니라 교통 이동 체계의 혁신을 가져온다. 그중 하나가 카셰어링이다. 차량을 가까이 두고 소유할 필요가 없어져 차량 공유가 보편화될 수 있다는 것이다.

카셰어링의 활성화는 교통 수요에 어떤 영향을 미칠까?

먼저, 차량 보유 대수 감소 효과가 예상된다. 차량 취·등록세 및 운영 비용 절감을 위해 개인이 소유한 차량을 매매하거나 차량 구매를 연기함에 따라 차량 보유 대수가 감소할 것이다. 이는 차량 산업 구조 변화와 가계 교통 비용 절감이라는 부수적인 효과를 초래할 것이다. 교통연구원의 연구에 따르면, 자율 주행 자동차가 상용화되면 가구당 보유 차량 대수는 0.3대 줄어들 것이다. 이는 2018년 현재 가구당 승용차 보유량이 0.95대인 것을 감안하면 31.5퍼센트 감축을 의미한다.[45]

둘째, 주거 지역의 주차 수요가 감소할 것이다. 이는 차량 보유 대수 감소에 따른 부수적인 효과로, 도시 및 주거 공간 감소와 가구의 주차 비용 절감 효과도 있다.

셋째, 대중교통 이용률 증대 효과가 예상된다. 불가피한 업무 통행 때문에 승용차로 출퇴근하거나 장거리 통행 시목적지에서의 접근성이 불편해 승용차를 이용하던 것이 대중교통으로 전환될 것이다.

넷째, 총 통행 거리 감소 효과가 예상된다. 개인의 차량 보유 대수가 감소하고, 대중교통 이용률이 증가하며, 라이드셰어링이 활성화되어 총 통행 거리가 감소할 것이다. 따라서 도로상의 혼잡 비용, 사고 비용, 물류 비용 등 교통 부문의 사회적 비용이 감소할 것이다.[46]

캘리포니아 대학교 연구 팀은 미국 및 캐나다의 카셰어링 회원 9천500명을 대상으로 설문조사를 수행해 카셰어링의 사회경제적 효과를 분석한 결과, 총 주행 거리 측면에서는 보관 차량 판매 및 차량 구매 연기 등의 효과를 포함해 연간 27~43퍼센트 감소 효과가 있었다.[47] 그뿐만 아니라 카셰어링 서비스를 이용한 후 총 주행 거리는 평균 40퍼센트 단축 효과가 있었다. 북미 지역의 카셰어링 서비스 시행으로 대중교통 통행 수요 46퍼센트, 자전거 통행 10퍼센트, 보행 통행 26퍼센트 증가 효과가 나타났다.[48]

새로운 교통수단

교통수단에는 자동차만 해당하는 것이 아니다.

도로에서는 자율 주행차가 우리의 생활과 거주 공간을

변화시키고, 철도에서는 하이퍼루프가 이런 변화를 이끌고 있다. 초고속 교통수단인 하이퍼루프는 공기를 뺀 진공 튜브 안에 캡슐형 열차를 넣고 발사하는 방식의 기술로, 시속 1,200킬로미터를 주행할 수 있는 초고속 교통수단이다. 그 야말로 총알처럼 날아가는 열차다.

상용화된 고속철도의 운행 속도도 점차 빨라지고 있으며, 기술혁신에 따라 교통수단의 초고속화가 현실적으로 실용화될 것으로 전망된다. 향후 하이퍼루프가 상용화될 경우, 서울과 부산을 16분에 주파할 수 있어 장거리 지역 간 교통 수요의 변화에 큰 영향을 줄 것이다.

드론 기술을 이용한 여객 및 화물 수송도 교통 수요에 큰 영향을 미칠 것으로 예상된다.[49] 또한 개인 단거리 이동 수단인 스마트 모빌리티의 보급 활성화도 중요한 요인이다. 스마트 모빌리티란 전기 자전거, 전동 휠, 전동 퀵보드 등 1인용 교통수단의 총칭으로, 최근 판매량이 급증하는 추세다.

신 교통 기술의 실용화는 교통수단의 다양화, 고속화, 무인화를 이끌 것이고, 이는 통행 시간 감소, 운영 비용 절감, 개인 통행 편리성 제고 등을 통해 교통 수요 증대 요인으로 작용할 것이다. 이와 더불어 재택근무, 온라인쇼핑을 통한 전자 상거래 등이 활성화되어 여객의 교통 수요가 감소하거나 화물 수송으로 전환될 것으로 예상된다.

여객의 교통수단 측면에서 영향을 전망해 보면, 10킬로미터 이하 단거리 통행은 보행 혹은 스마트 모빌리티와 같은 개인 이동 수단을 이용한 통행이 점차 증가할 것이다. 그리고 100킬로미터 이하 통행은 자율 주행 차량과 같은 편리한 수단을 선호하고, 100킬로미터 이상 장거리 통행은 하이퍼루프와 같은 고속형 교통수단의 이용을 선호하게 될 것이다.[50]

자율 주행 기술의 변화

교통수단의 변화는 도로 위에서의 교통량뿐만 아니라 연쇄적으로 우리의 생활 전반에도 변화를 가져온다. 자율 주행차는 주거 공간으로 들어가는 것이 부담 없어, 별도의 주차 공간을 두는 대신 주거와 연계된 공간으로 변화할 수도 있다. 더 나아가 자동차가 주거 공간이 될 수도 있어, 모바일 하우스로서 이동성이 극대화되는 동시에 레저와 휴양을 위한 공간이 되기도 하고, 이동하지 않을 때는 건물에 삽입해 새로운 건축 공간으로 재탄생할 수도 있을 것이다. 주거 공간의 주형태를 확장해 자동차들이 다양한 거주 공간으로서

집합 구조물 안에 들어가 오피스, 주거, 호텔 등 각각의 특성을 가진 모듈 공간이 되는 복합용도로 사용되는 것이다.

물류 수송 방식도 변화해 무인 자동차를 활용한 24시간 차량 배송으로 개별 건축물에서는 캡슐형 자동 물류 전송 시스템이나 드론(드론의 이착륙을 위한 발코니와 같은 별도의 드론 이착륙 공간 고려)을 활용해 언제든 가가호호 배송이 가능할 것이다.[51]

자율 주행 기술 도입은 화물 분야의 운송업 개념을 점차 모호하게 만들 것이다. 집하 및 배송 부문에서는 여전히 사람의 역할이 필요하지만, IoT 기술의 발전과 함께 인력을 이용한 집배송도 점차 사라져, 결국 운송의 시간대 제약이 없어진다. 따라서 물류 비용이 대폭 감소해, 물류망 및 배송 인프라를 갖춘 제3자 물류가 화물 운송의 기본이 될 것이다. 드론은 자율 주행 차량과 함께 새로운 화물 수송 수단 역할을 할 것으로 전망된다. 규격이나 무게에 따라 드론이 운송할 수 있는 화물에 제약은 있지만, 특수 화물을 운송하는 화물 운송 수단의 하나로 적용성이 높아지고 있다. 특히 드론을 이용한 운송은 인력식 운송으로는 효율이 떨어지는 배송 취약 지역 등 물류 사각지대를 해소하는 데 크게 기여할 것으로 전망된다.[52]

단시간에 배송해야 하는 초특급 프리미엄 배송에는 드론을, 일반 간선 배송에는 자율 주행 차량을, 귀중품 등 인력이 필요한 경우에는 인력식 배송이 선택적으로 사용될 수 있다. 이렇게 수요자의 요구에 따라 다양한 물류 운송 기술을 독립적으로 또는 결합한 배송 서비스를 제공할 수 있다. 이러한 개념은 동적 배송 시스템으로 불린다.[53]

OECD의 한 보고서에 따르면, 중간 규모의 유럽 도시에서 경량 전철과 연계해 자율 주행 자동차 공유 서비스를 운영할 경우 현재 도심을 운행하는 차량의 10퍼센트만으로도 동일한 수송 능력을 보일 수 있다. 또한 이 보고서는 출퇴근 시간대 이동 시간이 10퍼센트 감소하고, 도로 공간의 20퍼센트, 주차장 면적의 80퍼센트가 감소할 것으로 분석했다.[54]

6
자율 주행차가 다니는 통일 대한민국

1장에서 설명한 바 있지만, 다시 한번 상기하자면 한반도는 두 개의 특이점을 만나야 할 운명이다. 하나는 통일이라는 새로운 세계이고, 다른 하나는 4차 산업 혁명이 가져다줄 미래다.

독일 통일 과정에서 알 수 있듯, 통일 대한민국이 마주할 한반도 교통망 개선 사업은 미래 발전을 위해 가장 중요한 사안이다. 현재 북한이 처한 현실을 보더라도 북한 지역의 도로·철도 교통망 개선 사업은 필수 과제일 것이다. 따라서 미래 통일 시대 4차 산업 혁명 첨단기술을 탑재한 교통수단들을 생각해, 통일 대한민국의 국토종합개발 계획을 새롭게 마련해야 할 것이다.

우선, 자율 주행차 확산으로 도로 효율성이 극대화될 것이다.

현재 우리나라 고속도로에서 안전거리는 시속 100킬로미터에 100미터다. 이는 인간의 반응 속도와 자동차의 속도를 감안한 거리다. 그런데 자율자동차는 반응 속도가 0.01초, 거리는 2.7센티미터에 불과하다. 따라서 내연 자동차보다 도로 활용도가 획기적으로 높을 것이다. 같은 도로에서 몇 배 많은 차량이 다닐지라도 교통체증이 없을 것이다. 통일 대한민국의 도로 수요 거리를 계산할 때도 이것을 적용해야 하지 않을까?

또한 자율 주행차의 확산은 카셰어링 또는 자율 주행 대중교통 차량의 증가로 이어질 것이고, 주차 공간의 축소, 도시 거주 공간의 변화로 이어질 것이다. 현재는 거주 지역이 직장과의 거리에 매우 민감할 수밖에 없다. 자가 운전을 하든 대중교통을 이용하든 통근 소요 시간에 따라 생활의 질이 달라지기 때문이다.

그렇지만 자율 주행차가 보편화되면 이러한 출퇴근 시간이 단축되고, 출퇴근 동안의 시간 활용 방식이 변화할 것이다. 따라서 자연스럽게 거주 지역과 도심 근무 지역 간 거리 제약에서 자유로워질 것이다. 자율 주행차로 인해 통행에 대한 저항감이 낮아지면서 거주 공간이 도시 외곽부로 확장되는 현상, 즉 스프롤 현상이 나타날 것이다. 그렇게 되면

도심으로부터 원거리 거주 공간의 활용이 많아져, 통일 대한민국의 도시계획 그림이 바뀔 것이다.

따라서 통일 대한민국의 국토개발계획을 수립할 때, 자율 자동차 등 4차 산업 혁명 첨단기술에 따라 등장할 다양한 모빌리티를 상정하고 전략을 수립해야 할 것이다.

〈자율 주행차가 다니는 통일 대한민국〉

빠르고 다양한 주택 출력

북한 지역 주민들이 수백 가지 주택 모델 중 마음에
드는 주택을 선택적으로 출력할 수 있어 취향을 존중하는
자유민주주의 통일 대한민국의 혜택을 누릴 수
있을 것이다.

1
주체사상 속 북한 도시

김정일의 건축 예술론에 입각한 주택 공급 현실

1970년대 후계자로 결정된 김정일은 주체사상을 구체화하며, 1991년에 건축 분야에 대한 자신의 이론을 발표했다. 이른바 〈건축 예술론〉이다. 김정일은 건축을 종합 예술로 인식하며 〈건축이 종합 예술로서 자기의 면모와 풍격(품격의 북한식 표현)을 원만히 갖추려면 조각, 변화, 장식, 조명, 색채를 널리 리용하여야 하며 건축가, 조각가, 미술가, 도안가, 조명가 들 사이의 창조적 협조를 강화하여야 한다〉[55]고 언급했다.

그런데 김정일의 건축 예술론의 목적은 북한 주민들의 주거 환경 개선을 위한 것이 아니라, 주체사상을 북한 체제에 현실화시키기 위한 선전·선동 전략의 일환이었다. 그래서 주체 건축을 강조하며, 〈주체 건축의 내용은 사회주의

적인 것이며 형식은 민족적인 것이다〉라고 개념화하기도 했다.[56]

그리고 이를 더 구체화해서 도시계획에 접목한다. 평양을 주체 건축이 가장 잘 구현된 도시로 묘사하면서, 수령이 평양의 도시 건축에서 중심이 되어야 한다는 점을 도시계획의 가장 중요한 요소로 강조했다. 즉, 〈수령님의 영상을 언제나 건축 공간의 중심에 모셔야 한다〉라고 명확하게 지시했다.

이러한 기조에서 추진된 김정일 집권기의 북한 건설 공급 동향은 다음과 같다. 김정일이 정치 전면으로 나선 1978년부터 김일성이 사망하기 전인 1993년까지 약 250~350만 호 공급 계획을 수립했지만, 약 100만~140만 호를 건설한 것으로 추정된다. 특히 1987~1993년에 약 105~140만 호 건설 목표를 세웠으나 실제로 공급된 주택은 약 29~34만 호에 그친 것으로 보인다.[57] 이 시기에 북한에서는 김정일의 후계 체제가 확립되었으나, 한편으로 경제적 침체가 본격화되었다.

김일성 사망 이후 고난의 행군 시기 직후에는 주택 공급이 사실상 중단되었다가 1999년 이후 다시 신규 주택 공급이 증가한 것으로 추정된다. 2006년 말 당시 북한의 주택 보급률 100퍼센트 달성을 위해 필요한 신규 주택 공급은 약 90만~125만 호이지만, 실제로 건축 공급된 주택 수는 대략 35만 호로 추정된다.[58] 이렇게 본다면 당시 주택 필요 수 100만 호의 절반도 공급하지 못한 것으로 평가된다.

평양 10만 호 건설 사업의 전말

조총련 기관지 『조선신보』 2008년 1월 18일 자에는 〈북한이 김일성 주석의 출생 100주년이자 《강성대국 달성의 해》로 잡고 있는 2012년까지 평양에 주택 10만 가구를 새로 공급할 계획〉이라는 기사가 실렸다.[59]

이 기사에서는 북한이 〈혁명의 수도 평양시 건설을 통이 크게 내밀〉 것을 밝힌 신년 공동 사설에 따라 〈2012년을 향해 평양에서 10만 가구 살림집(주택) 건설이 본격적으로 추진되게 된다〉라고 소개하면서, 평양시 건설지도국 김형길 부국장의 〈자기의 사명과 임무에 맞게 올해 건설계획을 통이 크게 작성하였다〉라는 언급을 실었다.

2009년 9월부터 본격적으로 건설이 시작되어, 전형적인 북한식 속도전 방식으로 추진되었다. 해당 계획의 목표는 평양에 흔히 짓던 저층 아파트식으로 건설하는 것이었으나, 김정일이 2010년 5월 방중 이후 〈평양의 중심 거리가 이렇게 한심하니 좀 잘 건설하자. 평양을 상하이처럼 만들라)라는 지시를 내려 해당 계획이 40여 층 건설로 변경되었고, 2011년 10월 10일 당 창건일까지 건설을 완료할 계획이었다.[60]

당시 자재난이 심각해 평양 10만 호 건설을 위해 중국으로부터 자재를 대량 수입했음에도 불구하고[61] 자재가 턱없이 부족했다. 시내 지역에는 그나마 자재가 공급되었으나, 시외 지역에는 자재도, 장비도 제대로 공급되지 않았다. 부족한 물자를 공사 현장에 모으느라 공사 기간 중 전력난, 식수난이 급증했고, 공기를 무리하게 단축하느라 군인은 물론 2011년에는 대학생들까지 강제로 휴학시키고 건설 현장에 투입했다. 당연히 건설 경험이 없는 미숙한 대학생들은 작업 도중 사고를 당하거나 추락해서 목숨을 잃는 일이 빈번했다. 일부 간부 집안 대학생은 뇌물을 바치고 동원에서 빠지려는 비리도 나타났다고 전해진다.[62]

최종적으로 해당 계획은 2~3만 세대를 목표로 크게 축소되었고, 사실상 중지 상태가 되었다. 이후 더 이상 언급되지 않고 슬며시 사라졌다. 평양 시내 쪽에 건설된 2~3만 세대도 단지 외장만 올라갔을 뿐 내부는 완공되지 않았으며, 주민들에게 자체적으로 알아서 하라는 지시만 내려왔다. 이에 북한 내부에서 불만이 많았던 것으로 알려졌다. 또한 한 고위 탈북자는 〈강성대국 건설과 함께 김정은 치적을 만들기 위해 평양 10만 호 건설 사업을 추진한다고 대내외적으로 선전해 온 만큼 제대로 공사가 이루어지지 않으면 우상화 선전에도 차질을 빚을 것〉이라고 지적하기도 했다.

북한 주택의 현실태

돈 먹고 돈 먹기, 아파트 투기

1990년대 북한은 식량 부족과 자연재해 등으로 경제적 어려움에 처했다.

　외부로부터의 지원도 어려워 북한 당국 주도의 계획 경제 체제에 대한 변화가 불가피한 상황이었다. 급기야 2001년 10월 3일 김정일은 당·경제기관 일꾼들과의 담화를 통해 변화하는 현실에 맞게 경제 관리 방법을 개선하라고 지시했다.

　그 결과 2002년 7월 1일 자로 경제 관리 개선 조치, 〈일명 7·1 조치〉가 발표되었다. 사회주의 계획 경제 체제에서 중앙에서 인위적으로 가격을 통제하던 방식을 완화해 현실 물가를 반영한 물가와 임금 인상 조치를 취한 것이다. 이는 북한 내에서 활성화되고 있는 시장의 기능을 제도적으로 일정 부분 인정한 것이라고 할 수 있다.

7·1 조치 이후 당국의 시장에 대한 적대적 분위기가 바뀌자, 더 많은 사람이 시장 활동에 참여하기 시작했다. 특히 돈주(錢主)라고 불리는 신흥 부자 상인 계층이 급속히 성장했다.

이 돈주의 활약상을 잠시 살펴보자.

2000년대부터 북한 사회는 장마당, 주택 건설, 외화벌이 등 모든 측면에서 사경제가 활성화되어, 주민 대부분이 사경제에 의존해 생활하고 있다. 일부 공장이 운영되고 있지만, 그것이 차지하는 비중은 미미하고, 대부분 주민은 중국과의 무역이나 이와 관련된 활동으로 생계를 유지하고 있다. 이러한 가운데 신흥 부자인 돈주들은 개인 명의로 사업을 할 수 없기 때문에 국영 기업소에 투자하는 형태로 사업하며 투자금의 약 30퍼센트를 완공된 아파트로 받는다.[63]

소비재 시장이 활성화됨에 따라 생산재 시장과 금융 시장이 발달하기 시작했으며, 초보적인 임노동 관계도 부분적으로 형성되기 시작했다. 이러한 방식으로 생산재, 소비재, 금융, 노동 시장이라는 4개 시장이 확대되어 서로 연계되면서 증폭 효과를 발휘하며 북한 내에서 시장의 힘을 과시하기 시작한 것이다.[64]

주택 건설 분야에서도 개인 투자가 활발하게 이루어지기 시작했다. 행정 당국과 돈주, 거간꾼(중개상)이 참여해 이익을 배분하는 구조를 형성함으로써 점차 북한 내부에서 시장화의 가장 눈에 띄는 사례로 부각되었다. 주택 건설은 돈주, 도시경영사업소, 설계연구소 등이 체계적으로 관여하고 있으며, 이를 함께 처리해 주는 업자가 있는 것으로 알려져 있다.

2000년대 초부터 주택 건설 분야에 시장 경제 논리가 적용되면서 주택 가격이 상승하기 시작했다. 민간 업자는 사업비(뇌물)를 통해 시 당국의 허가를 받고 국영 기업소가 개발하는 형식을 빌려 주택을 개발하며, 돈주들이 자재에서 노동력까지 모든 자금을 제공해 건설하는 것이 일반적인 방식이다.

북한 전체를 두고 볼 때, 주택 건설 분야의 시장화 수준은 지역별로 편차를 보인다. 그중 신의주가 가장 발달하고 사리원이 가장 저조한 것으로 알려져 있다. 신의주의 경우 고급 아파트 가격은 10만 달러 내외에 이르며, 돈주들은 아파트에 투자해 약 30퍼센트를 이윤으로 가져간다. 〈데꼬사장〉이라는 주택 매매 중개업자도 있다. 북한에서 주택 매매는 기본적으로 불법이지만 데꼬사장에게 10퍼센트의 거간

비를 주면 현금 거래 후 도시경영사업소 인증이 찍힌 입사증을 받을 수 있다. 한편 신규 주택 건설 외에 기업소의 자산을 주택 용도로 전환해 매매하는 사례도 있다. 사실상 방치되어 유휴화된 공장 건물의 경우, 공장 일부를 기업소가 주택 용도로 전환해 민간에게 임대하거나 매각하는 것이다. 이 경우 역시 개인이 주택을 사실상 구매한 것이 되며, 기업소에서는 새로운 주택을 공급한 것으로 처리한다.[65]

북한의 건설 사업은 돈주와 거간꾼을 끼고 진행되며, 돈주는 자금을 투자하고 거간꾼은 자재 확보, 노동력 확보 등의 역할을 한다. 북한 당국은 시멘트, 철강 등 자재 확보 계획을 수립하지만 그대로 진행되는 경우는 없으며, 공사 진척을 위해선 공장과 긴밀한 연계를 맺고 있는 거간꾼의 역할이 중요하다. 한 고층 건물에 3~4명의 돈주가 투자하는 경우가 빈번한데, 이 중 가장 많이 투자한 돈주가 좋은 층인 3~4층을 가져간다. 1개 층에 보통 4개 호가 건설되는데, 7천 달러를 투자하면 3~4층 2개소를 분양받을 수 있다.[66]

이렇듯 건설 분야에서는 법적으로 보호되지는 않지만 시장 경제 체제가 작동하고 있는 것이다. 그것도 부패한 시장 경제 체제가.

북한의 주택 보급률

북한의 주택 보급률에 대해 정확한 통계 자료가 공개된 적은 없다. 그러나 2008년 국토연구원이 추정한 북한의 주택 보급률은 77~83퍼센트이고, 국내 각 기관이 비공식적으로 추정한 주택 보급률은 약 60퍼센트 내외인 것으로 알려졌다.[67] 대체로 북한은 주택이 매우 부족한 상태이며, 주택 수준도 낙후된 것으로 평가된다. 북한 인구 센서스에 따르면, 북한 전체 가구의 81.9퍼센트가 방 2개 미만 주택에서 거주하고, 수세식 화장실 보급률도 58.3퍼센트에 불과하며, 난방도 석탄과 나무 의존도가 92.2퍼센트에 이르는 등 주택 수준이 낙후된 상태다.[68]

북한의 거주 상황을 구체적으로 분석한 연구가 있다.[69] 이 연구에 따르면 주택 보급률은 55~83퍼센트 수준이다. 특히 탈북자의 진술에 따르면 한 주택에 2가구 동거가 많은 등 주택 수가 절대적으로 부족한 것으로 파악되었다. 주거 형태로는 주민의 절반이 연립주택에 살고, 총 주택 수는 약 324~489만 호로 추정된다. 즉, 연립주택 거주 가구 수는 약 258만 가구(43.9퍼센트)이고, 농촌 지역은 단독주택, 도시 지역은 연립주택의 비중이 높은 것으로 보인다. 농촌의 단독주택 거주율은 59.4퍼센트, 도시의 연립주택 거주율은

49.5퍼센트로 파악된다. 대략 남한 주택 수의 5분의 1에서 3분의 1 수준이라고 할 수 있다.

주택 보급률이 이처럼 낮은 이유는 중화학 중심의 순수 산업 우선 경제정책 때문으로 분석된다. 특히 경제난이 심화된 1990년대 이후에는 신규 주택 공급이 크게 축소되어 주택 부족과 주택 노후 문제가 더욱 심각해졌다.[70]

북한의 시가화 구역을 대부분 재개발 대상 지역으로 분류해도 무방할 정도로 북한의 도시 시가지 재개발 수요는 매우 높다. 북한에서는 30년 이상 된 노후 주택이 전체 주택의 약 70퍼센트에 이를 것으로 추정되고, 대부분 공장 지역도 재개발이 필요한 상황이다. 건물 자체만의 문제가 아니라 상하수도 시설도 심각한 수준이다. 유엔 조사에 따르면 누수율이 50퍼센트에 이른다.[71]

평양 아파트 붕괴 사고

2014년 5월 13일, 북한 평양시 평천구역 안산1동에 위치한 23층 아파트가 무너지는 사고가 발생했다.

평양 10만 호 건설 추진 당시에도 공사가 겨울철에 날림으로 추진되어 건축물이 붕괴하는 사고가 발생할 수 있다는 경고가 있었다.

실제로『조선신보』는 2009년 11월 21일 자『평양신문』보도를 인용해 북한 정권이 〈추위가 확연해지지만, 땅이 아직 깊이 얼지 않았으므로 겨울철 건설이 예견되는 부문들에서 토목공사를 다그쳐야 한다〉라며 촉구하는 것에서도 알 수 있듯이, 겨울철 부실 공사가 실제로 진행되고 있었다. 특히 해빙기 공사 과정에서 붕괴 위험이 있는데도, 이를 무시하고 공사가 진행된 것이다. 또 다른 관계자는 해빙기에는 겨우내 얼었던 지반이 녹으면서 토압 및 수압 변화로 인해 지반 침하, 토사 붕괴, 가설 구조물 변형 등이 발생해, 건설 현장에서의 흙막이 받침 붕괴, 경사 지반 작업 시 붕괴, 거푸집 동바리(형틀받침) 붕괴와 같은 재해로 연결될 수 있다고 수차례 경고했다고 전했다.[72]

2014년 5월 18일, 조선중앙방송은 사고를 보도하면서, 이례적으로 고위 간부들이 피해 주민에게 사과하는 모습까지 공개했다.[73] 이후 후속 조사에 따르면 당시 92세대가 입주해 있었는데 북한에서는 시공사가 인테리어까지 해주지 않기 때문에 입주 가정의 의뢰로 인테리어 중이던 인부들과 휴가를 내고 함께 인테리어 공사를 하던 사람들까지 포함해 대략 300여 명이 사망한 것으로 알려졌다.[74] 일부 언론은 해당 사고와 관련해 북한 관계자의 말을 인용하며, 〈아

〈아파트 붕괴 사고를 사과하는 북한 간부〉, 출처:「평양서 23층 아파트 공사장 붕괴… 〈상당한 인명 피해〉(종합)」, 연합뉴스, 2014년 5월 18일 자.

파트 건설 공사의 지휘를 맡은 인민군 7총국장은 해임과 함께 강제수용소행 처분〉이 내려졌고, 〈설계와 시공을 맡은 기술자 4명은 총살〉됐으며, 〈이번 붕괴로 인한 사망자 수가 500여 명이라는 소식이 평양 전역에 퍼지고 있다〉라고 보도했다.

사고 원인은 부실한 원자재와 속도전으로 대표되는 날림 공사로 추정된다. 고층 건물을 짓기 위해서는 180마르카 이상의 시멘트를 사용해야 하는데, 해당 아파트는 120마르카 미만의 시멘트가 사용되었다고 한다. 또한 시공업자가 돈을 빨리 회수하기 위해 아파트를 1년 만에 완공했고, 뇌물을 주고 동원된 건설부대와 돌격대원들이 자재를 빼돌리는 등 비리를 저질러 이러한 부실 공사가 일어난 것으로 보인다.

붕괴 현장에 골조는 안 보이고 흙더미밖에 없었으며 생존자가 한 명도 없었던 것으로 전해진다.[75]

홍수로 떠내려간 마을

2020년 8월 13일에 열린 북한 정치국 회의에서 보고된 자료에 따르면, 폭우로 인한 홍수로 강원도와 황해남북도, 개성시 등 농경지 390제곱킬로미터 상당의 농작물이 피해를 보았고, 살림집 1만 6천 680여 세대와 공공건물 630여 동이 파괴되거나 침수된 것으로 알려졌다. 특히 8월 6일 국무위원장 김정은이 시찰한 곡창 지역 황해북도 은파군 대청리는 살림집 730여 동과 논 600여 정보가 침수됐고, 살림집 179동이 무너진 것으로 알려졌다.

2020년 8월에 보도되지 않았던 지역 한 곳이 9월에 크게 보도되면서 주목을 끌었는데, 함경남도 검덕지구다. 이 지역은 철강 산업에 필요한 아연 매장량이 풍부할 뿐 아니라, 세계 최대 규모 마크네사이트가 매장되어 돈골, 금골이라는 별명으로 불리기도 했다. 이곳을 방문한 김정은은 2020년 9월 8일 노동당 중앙군사위원회 제7기 제6차 확대 회의를 소집해 태풍 마이삭으로 심각한 피해를 입은 함경남도 단천군 검덕지구의 피해 상황을 검토하고 인민군을

동원해 복구하도록 지시했다. 당시 북한 당국은 태풍 마이삭의 피해로 검덕지구의 광산이 침수되고 설비들이 유실되었으며 광산으로 이어지는 도로 45개소 60킬로미터, 철도 31개소 3.5킬로미터, 그리고 다리 59개가 유실되었다고 보도했다.[76]

홍수 피해에 북한 당국은 속수무책이었다. 당시 보도를 보면 북한의 전반적인 복구 시스템이 얼마나 취약한지 짐작할 수 있다. 큰물 피해로 광산이 물에 잠겼으나 복구가 지연되었다. 잠긴 광산의 물을 퍼내려면 펌프를 동원해야 하는데, 전기가 공급되지 않았다. 전봇대가 유실되어 전기가 연결되지 않았던 것이다. 복구 인력이 나섰지만, 다리가 끊겨 복구 현장으로 진입하기도 어려운 상황이었다.

이에 9월 12일과 13일 이틀에 걸쳐 평양과 지방에 주둔하는 인민군 건설총국 7총국과 8총국 소속 군인 3만여 명이 함경남도 검덕지구의 태풍 피해 복구를 위해 출발했다. 〈검덕지구로 출발한 3만여 명의 군인들은 지난 8일 조선노동당 중앙군사위원회 확대 회의 결정 집행을 위해 검덕지구의 태풍 피해 복구에 투입된 것〉이다.[77]

김정은이 복구 지시를 내린 지 80여 일 만인 11월 27일 조선중앙통신은 〈단천시 사오동, 선광동, 전진 2동, 증산

〈북한의 검덕 지구 살림집〉

리, 대흥 2동, 운천리, 백금산동, 포거동, 새복동 등에 2천
300여 세대의 단층·소층·다층 살림집(주택)과 공공건물,
공원이 번듯하게 꾸려졌다〉라고 보도했다. 그러면서 향후
5년 동안 2만5천 세대의 주택을 새로 건설하겠다는 목표도
제시했다.

3
통일 독일의 동독 주택 개선 사업

동독의 주택 개선 사업

통일 독일의 상황을 잠깐 엿보자.

통일 이후 우선 동독 지역의 주거 환경 개선이 시급했다. 전반적인 국토개발 조건이 다른 상황에서 주택 시장화는 또 다른 경제 배분의 왜곡, 삶의 질 지역적 편중, 이로 인한 대규모 인구 이동 및 사회 불안정이 일어날 수 있기 때문이었다.

통일 이후 동독 지역 도시개발의 핵심 과제는 부족한 주택 건설 및 노후한 주택 및 기반 시설 개선이었다. 사회주의 시절 주거 부문에 대한 국가의 투자가 극히 미미하고 토지 이용 효율성이 매우 저조했기 때문에, 이러한 상황을 바로잡는 것이 통일 독일 연방 정부로서는 시급한 과제였다.

1989년 당시 동독 지역 전체 주택 가운데 제2차 세계 대전 이전에 건축된 주택의 비율이 65퍼센트로, 서독 지역

(30퍼센트)에 비해 두 배 이상 높았다. 이런 측면에서 연방 정부는 1990년부터 독일재건은행KfW을 통해 100억 마르크 규모의 주택 개선 프로그램을 추진했다. 이 프로그램에 의한 주택 개·보수 사업은 주로 난방 시설 개선에 집중되었는데, 그 결과 환경 오염 감소와 함께 주민들의 주거 만족도가 크게 높아졌다. 통일 이후 동독 지역에서 공적 자금을 지원 받아 개·보수하거나 신축한 주택 수는 전체 주택의 50퍼센트를 넘었다. 이러한 주택 개선 사업에는 주택 건설 지원 프로그램 외에 동독 부흥 사업을 위한 주택 개선 사업 지원금도 지원되었다.[78]

주민들의 소득 향상과, 더 높은 주거 수준에 대한 주민들의 요구에 부응하기 위한 연방 정부의 적극적인 지원 등에 힘입어 동독 지역의 평균 주택 규모와 1인당 주거 면적이 크게 증가했다. 1989년 서독과 비교해 74퍼센트에 불과했던 평균 주택 규모가 1998년에는 81퍼센트로 증가했고, 1인당 주거 면적도 같은 기간 서독 지역의 75퍼센트에서 84퍼센트로 증가했다. 그 결과 동독 지역의 주택 건설은 1997년 20만 호 건설을 정점으로 2000년 기준 공급이 수요를 초과하는 상태가 되었으며, 자가 주택 보유율이 서독 지역과 비슷한 40퍼센트에 이르는 것으로 파악되었다.[79]

4
주택을 프린팅하다

3D 프린팅과 제조업

4차 산업 혁명 첨단기술 중 가장 먼저 가시적으로 주목받은 것은 3D 프린팅 기술이다.

2012년 세계경제포럼에서 3D 프린터가 미래 10대 기술 중 두 번째로 중요한 기술이라고 발표되면서 관심의 대상으로 떠올랐다. 2013년 미국 오바마 대통령이 국정 연설에서 3D 프린팅을 거의 모든 것을 제조하는 방법의 혁신 수단으로 언급한 뒤 제조업 혁신 역량 강화 기술의 하나로 빠르게 부상하고 있다.

3D 프린팅은 디지털 모델을 사용한 연속적인 층을 프린팅함으로써 물체를 생성하는 기술로, 2025년까지 세상을 바꾸는 12가지 영향력 있는 기술 중 하나로 꼽힌다.[80] 초기 3D 프린팅은 시제품 제작 등에 주로 사용되었으나, 쾌속 조

형이 발전하면서 최근에는 부품 제조에서의 활용도 빠르게 증가하고 있다.

해외 주요 제조 기업의 경우, 정밀·소량 생산을 특징으로 하는 항공 산업을 중심으로 3D 프린팅을 활용하고 있다. 중국의 AVIC 레이저는 3D 프린터를 활용한 세계 최대 항공기 구조물 랜딩기어 하우징을 티타늄 합금을 사용해 제작하고 있다. GE는 항공기 엔진의 온도 센서(T25 센서) 하우징을 3D 프린터를 활용해 제작했으며, 이를 보잉 777 기종에 적용하고 있다. 롤스로이스는 트렌트 XWB 엔진 내 전면 베어링 하우징을 3D 프린터를 활용해 제작했으며, 이를 에어버스 350 기종에 적용한 것으로 보고되고 있다.[81]

미국 국방부에서는 바이오 프린터를 이용한 피부 조직 프린팅 연구를 추진했다. 전쟁터에서 부상을 입은 군인의 화상 피부에 직접 세포를 층층이 프린트하여 피부 재생을 촉진시키는 연구다. 환자의 피부를 레이저로 스캔해 손상 상태를 파악하고 화상 정도에 따라 적합한 세포(표피, 진피, 피하지방 등)를 피부에 바로 프린팅하는 방식이다.[82] 이 기술은 2016년에 이미 성공했다. 웨이크로레스트 대학교 앤서니 아탈라 박사는 바이오 프린터 카트리지에 환자에게서 배양한 세포 잉크를 집어넣고 3D 스캐너를 통해 환자의 피

부 조직을 스캔해 설계도를 만든 후, 3D 프린터를 작동해서 원래 피부와 똑같이 프린팅했다.[83]

3D 프린팅으로 제조한 제품의 물류/유통 단계도 기존 제조 방식과 달라질 것이다. 기존 제조 방식에서는 공장에서 제품이 출고되어 여러 물류 단계를 거쳐 소비자에게 유통되는 구조였다. 그러나 3D 프린팅 방식을 활용하면 소비자에 근접 지역에서 제조할 수 있어 소비자에게 도착하기까지 물류와 유통 경로가 단축된다.

3D 프린팅 건설 기법: 모듈형 출력 방식

3D 프린팅은 부품 생산 분야에서 그치지 않고, 대규모 건축 영역에도 확산되고 있다. 이제 집은 대규모로 짓는 것이 아니라 원하는 집의 구조, 색상, 내부 인테리어 등을 지정해 3D 프린터 건설사에 연락하면 원하는 장소에서 프린트해 주거나 공장에서 프린팅한 뒤 운반해서 조립해 준다. 이와 같은 방법으로 이미 10년 전에 중국의 윈쑨사(社)는 길이 32미터, 높이 10미터, 폭 6미터의 주택을 대규모 3D 프린터를 사용해 하루에 10채 이상 프린트해 냈다. 건물을 건축한 것이 아니라 프린팅한 것이다. 그리고 사용된 잉크, 즉 건축 자재는 재활용할 수 있다. 특히 산업 폐기물이나 쓰레기로

〈3D 프린팅 건설 기법의 주택〉

만든 건축자재도 재활용할 수 있다. 이렇게 지어진 주택 가격은 당시 가격으로 4천800달러, 우리나라 돈으로 500만 원이 조금 넘는 정도였다.[84]

이러한 건축 기법을 〈모듈형 출력 형식〉이라고 하는데, 건축물을 유닛별로 나누어 3D 프린터를 이용해 인쇄하고, 인쇄한 유닛들을 조립하는 방식이다. 중국 윈쑨과 경쟁하고 있는 네덜란드 회사도 이 같은 방식을 활용하고 있다. 네덜란드의 건축설계사무소 DUS 아키텍처는 3D 프린터 업체 울티메이커의 가정용 3D 프린터를 대형 사이즈로 키워서 만든 건축 시공용 3D 프린터를 개발했다. 재료는 종래의 콘크리트나 시멘트가 아니라, 재생 가능한 바이오 플라스틱을 이용하며, 재료를 재활용할 수 있어 건축 폐기물을 남기지 않는다는 장점이 있다.[85]

3장 빠르고 다양한 주택 출력

3D 프린팅 건설 기법: 일체형 출력 방식

3D 프린팅 건설 기법은 모듈형에서 점차 직접 프린팅 일체형 출력 방식으로 변하고 있다. 공장에서 3D 프린터로 건물의 주요 구조물을 출력해 현장으로 가져가서 조립하는 〈모듈형 출력 방식〉은 조립 부분을 통해 물이 새거나 강도가 약하며 겨울엔 춥고 여름엔 덥다는 단점을 보완하기 위해 공사 현장에 3D 프린터를 설치하고 건물 전체를 한꺼번에 찍어 내는 일체형 출력 방식이다.[86]

일체형 출력 방식은 컴퓨터로 작업한 건축물을 3D 프린터로 한 번에 프린팅하는 형식이다. 이는 프린터의 크기를 대규모로 만드는 방식이 있는가 하면, 고정된 3D 프린터가 아닌 무한궤도가 장착된 출력기가 자유롭게 이동하면서 출력하는 방식, 혹은 로봇 팔을 활용해 프린팅하는 기술도 활용되고 있다.[87] 심지어 이제는 벌처럼 날아서 3D 프린팅 건물을 짓는 드론이 개발되기도 했다. 국제 학술지 『네이처 Nature』는 영국 임페리얼 칼리지 런던 ICL과 미국 펜실베이니아 대학교 교수 연구 팀이 협업해서 이러한 기술을 개발했다고 발표했다. 개발자 연구 팀은 설계도만 주면 자율적으로 움직이는 드론 하나가 건설에 나서고, 다른 드론이 그 건축물을 측정해 다음 단계를 알려 주도록 고안한 것이라

고 설명한다.[88]

2019년 두바이에서는 미국 보스턴의 3D 프린팅 건설사 아피스 코어가 제작한 640제곱미터 면적에 높이 9.4미터 규모의 2층짜리 건물이 완공되었다. 2019년 당시 가장 큰 3D 건축물이었다. 사실 3D 프린팅 기술로 건물을 짓기 위해서는 재료의 굳는 속도, 분사 속도 등을 정밀하게 계산해야 하기 때문에 그동안 단층 건물 위주로 지어졌으나 이제 다층 건물을 짓기 시작한 것이다. 한발 더 나아가 독일 발렌하우젠 마을에서는 380제곱미터 규모의 3층 높이 상업용 아파트가 3D 프린터로 출력되었다.

미국의 3D 프린팅 건설사 아이콘은 멕시코 빈민 지역 타바스코에 3D 프린팅 주거 단지를 만들어 주민들에게 무상으로 지급하고, 미국 텍사스주 오스틴에 노숙자들을 위한 6제곱미터의 웰컴 센터를 짓기도 했다. 놀랍게도 오스틴의 웰컴 센터는 3D 프린터가 27시간 만에 출력을 완료했다.[89] 일반적으로 해비타트 집짓기 프로젝트에 자원봉사자 25~30명이 몇 주 동안 투입되는 것에 비하면 속도와 투입 인력 면에서 획기적이라고 할 수 있다.

대체로 이 회사는 3D 프린팅 건축 기법으로 24시간 만에 약 500제곱미터 넓이에 침실 2개, 거실, 주방, 욕실을 갖춘 주택을 한 채씩 만들었다. 건축 자재비도 보통 공사비에 비해 40퍼센트 이상 낮은 것으로 알려져 있다. 이 아이콘 건설사는 2023년부터 세계 최초로 3D 프린팅 주택 단지를 분양한다고 발표했다. 조성될 주택 단지는 총 100가구 규모인데, 주택 하나를 짓는데 5~7일이면 충분할 것으로 예상하고 있다. 기존 목조 건물을 짓는 데 약 16주가 소요되는 것에 비해, 거의 16분의 1밖에 걸리지 않는다. 건축비는 약 4천 달러(약 450만 원)로 예상된다고 보도했다.[90]

프린팅 재료도 다양해지고 있다. 가장 널리 알려진 콘크리트 외에 콘크리트와 메탈 혼합 재료나 우레탄 폼, 친환경 진흙이 사용되기도 한다. 건축가 김현준은 건축 기술의 발전은 건축 재료의 발전으로부터 시작되는데, 철근과 콘크리트 사용으로 건축 양식의 획기적 발전이 이루어졌으나, 향후 3D 프린팅 건축 기술에는 단일 재료가 아니라 다양한 자료가 한 번에 사용될 수 있을 것으로 예상했다. 그렇게 되면, 건물 거푸집은 콘크리트로 출력하면서 창문 부분은 유리로 출력하는 등 한꺼번에 완성된 주택을 출력하는 날이 올 거라고 예견하기도 했다.[91]

이렇듯 3D 프린팅 건축 기술은 건축 폐기물을 사용할 수 있어 환경 측면에서 유리할 뿐 아니라, 속도, 인력 수요, 자재 효용성 등 모든 면에서 경제적이다. 건축가 김현준의 말처럼 3D 프린팅 건축 기술은 건설 분야의 혁명적 발전을 가져올 잠재력을 지니고 있다고 할 수 있다.

일론 머스크가 화성에 인류를 이주시키겠다는 계획을 발표한 바 있는데, 지구가 아닌 다른 행성이나 위성의 환경을 지구의 대기 및 온도, 생태계와 비슷하게 바꿔 인간이 살 수 있도록 만드는 것을 〈테라포밍〉이라고 한다.

여기에도 3D 프린팅 건축 기술이 핵심 기술로 주목받고 있다. 3D 프린팅 건축에는 건축을 무인화·자동화할 수 있는 기술이 있기 때문이다.

3D 프린팅 건축을 이용한 북한 주거환경 개선

이러한 3D 프린팅 건축 기술을 소개하는 이유는 통일 대한민국의 시급한 과제인 북한 지역의 주거 환경 개선 사업과 관련되기 때문이다.

2020년 홍수로 쓸려 간 북한 검덕지구의 복구 현장 사진을 보았다. 북한은 2층 집, 3층 집 등 다양한 가옥을 건축해서 주민들에게 보급했다고 보도했다. 그중 단독주택의 경우 똑같은 모습의 가옥을 풀빵처럼 찍어 놓았다. 북한 특유의 인력 동원력을 활용해 홍수로 사라진 마을을 80여 일 만에 복구한 것은 대단하다.

북한의 경우, 국토의 3분의 2가 상습 자연재해 지역으로 알려져 있다. 이 지역에서는 가뭄, 홍수가 상시적으로 나타나 식량 생산에 늘 차질을 빚을 뿐만 아니라, 주거 안정에도 심대한 악영향을 미칠 것으로 보인다.

향후 3D 프린팅 건축 기술이 더 상용화된다면, 남북 합작 사업의 일환으로 북한 낙후 지역의 주거환경 개선 사업을 시도해도 좋을 것이다. 물론 현재로서는 북한 핵·탄도 미사일 도발로 결정된 유엔 안보리 대북 제재 결의 2371호로 인해 남북 합작 사업 추진이 불가능하다. 남북한 간 본격적인 협력 사업은 핵 문제 해결 이후, 아니면 적어도 북한의 핵 포기에 대한 가시적 결단과 국제 사회의 수용이 있어야 가능할 듯하다.

좀 더 미래로 가보자.

통일 대한민국에서 남북한 균형 발전을 위해 시급히 조치해야 할 여러 가지 사업이 있다. 도로·교통 인프라 개선 사업과 함께 가장 대규모 자원을 투여해야 할 것이 바로 북한 지역의 주택 건설 사업일 것이다.

여기에 3D 프린팅 건축 기술을 도입한다면, 건축 비용의 획기적 개선으로 국가적 재정 부담이 축소되고, 건설 과정에서 폐건축 자재를 활용해 환경 오염 문제를 최소화하며, 건설 기간이 극적으로 단축되어 북한 주민들의 주거 문제 해결에 많은 도움이 될 것이다. 그로 인해 북한 주민들의 무모한 남쪽 이주 욕구가 완화되어, 전반적인 통일 대한민국의 사회적 안정에도 심대한 영향을 미칠 것이다.

무엇보다 북한 지역 주민들이 수백 가지 주택 모델 중 마음에 드는 것을 선택할 수 있어 취향을 존중하는 자유민주주의 통일 대한민국의 국가적 혜택을 누릴 수 있을 것이다. 물론 한 마을에 수십 가지 모양과 다양한 색깔의 주택 난립을 조정하기 위한 마을 주민 공청회 같은 것이 필요할지도 모른다. 그래도 최고 권력자의 지시가 아니라 주민들의 협의로 결정할 수 있으니 마음 뿌듯한 내 집 장만이 될 듯싶다.

〈3D 프린팅 건축으로 북한 주거환경 개선〉

4장

통일 화폐: 암호화폐의 미래

평화적 통일 과정에서 통일 대한민국 화폐를 새로이

제작해야 할 텐데, 통일 CBDC(중앙은행디지털화폐)를

만들어 활용할 필요가 있다.

1
북한의 암호화폐 절취

유엔 대북 제재

2018년 2월, 미국의 트럼프 대통령과 북한 김정은 국무위원장 간 두 번째 정상 회담이 베트남 하노이에서 개최되었다.

김정은 위원장은 2월 23일 오후 4시 30분 평양역에서 대대적인 환송을 받으며 꿈에 부풀어 출발했다. 무려 65시간 40분이나 걸려 하노이 인근 동당역에 도착한 뒤 승용차를 이용해 회담 장소로 이동했다.

2월 27일 저녁 만찬 때는 분위기가 좋았다. 그러나 이튿날 이어진 조찬 이후 단독 회담(45분), 이어진 50여 분의 확대 회담이 있었으나, 결국 업무 오찬도 취소하고 공동 서명식도 취소하는 노딜No Deal 회담으로 끝나고 말았다.

회담 핵심 내용은 트럼프 대통령이 영변 핵 시설로는 부족하니 더 이상의 포기 조치를 약속하라고 요구하자, 김정은 위원장이 영변 핵 시설을 포기하는 대신 2016년과 2017년에 부과된 유엔 대북 제재를 해제해 달라고 했다. 그러나 요구사항의 격차가 너무 큰 탓에 협상이 결렬되고, 김정은 위원장은 다시 60여 시간을 달려 새벽에 조용히 평양으로 귀환했다.

이로써 유엔 대북 제재가 북한에 얼마나 고통스러운 압박이 되고 있는지 전 세계가 알게 되었다. 북한이 해제를 요구한 사항은 다음과 같다.

	결의안 번호(채택일·사유)	주요 내용
▶	2397(2017. 12. 22) 탄도 미사일 발사	북한의 식용품·농산품 등 수출 금지, 해외 파견 노동자 송환, 정제유(연 50만 배럴 상한) 대북 수출 제한
☢	2375(2017. 9. 11) 핵 실험	북한의 직물·의류 제품 수출 금지, 대북 합작 설립·유지·운영 금지, 정제유(연 200만 배럴) 및 원유(연 400만 배럴) 대북 수출 제한
▶	2371(2017. 8. 5)	무연탄·철·철광석 등 광물 및 수산물 수출 금지, 해외 파견 노동자 동결, 대북 합작 신규·확대 금지
▶	2356(2017. 6. 2)	제재 대상 개인·단체 확대

☢	2321(2016. 11. 30)	북한산 무연탄 수출 연간 750만 톤으로 제한
☢	2270(2016. 3. 2)	북한의 무기 관련 무연탄·철광석 수출 금지, 항공유 대북 수출 금지
☢	2094(2013. 3. 7)	금융 자산 이동과 금융 서비스 제공 금지
➤	2087(2013. 1. 22)	제재 대상 개인·단체 확대
☢	1874(2009. 6. 12)	금융 제재 강화, 의심 화물 및 선박 검색 강화
☢	1718(2006. 10. 14)	무기 관련 및 사치품 대북 수출 금지
➤	1695(2006. 7. 15)	미사일 관련 물자·상품·기술·재원의 북한 이전 금지

〈유엔 안전보장이사회 대북 제재 결의 주요 내용〉

실제로 북한의 경제 상황은 2017년 12월 유엔 안보리 결의 2397호 채택 이후 급격하게 악화되고 있다. 김정은 위원장이 집권한 이후 첫 핵 실험인 2016년 3월 3차 핵 실험 이전 북한의 수출액은 45억 달러 정도였으나, 2019년에는 거의 20분의 1 수준인 2억 6천만 달러로 감소했다.

특히 코로나19로 2020년에 북한이 중국과의 국경을 폐쇄한 이후에는 4월 수출액이 221만 달러로 지난해 평균의

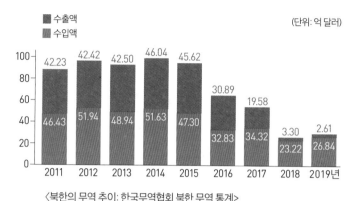

■ 수출액
■ 수입액

(단위: 억 달러)

〈북한의 무역 추이: 한국무역협회 북한 무역 통계〉

10분의 1 수준이었다.

현재 유엔 대북 제재로 인해 북한은 광물, 의류뿐 아니라 농수산물도 수출할 수 없다. 합법적인 대외 수출입을 통해서는 외화를 획득할 방법이 없다는 뜻이다.

2016년 이전 대북 제재가 핵 개발을 막기 위한 것이었다면, 2016년 이후 제재는 핵 포기 목적으로 변화되었다. 인도적 지원이라는 명분으로 열려 있던 구멍들을 완전히 차단한 것이다.

북한의 경제 제재 돌파 전략은 사이버 해킹

북한은 2020년 신년사를 대신한 제7기 제5차 조선로동당 중앙위원회 전원회의 결정문을 통해 정면 돌파전을 선언하며, 자력갱생으로 현 난관을 극복하겠다고 선언했다. 이 기조는 더욱 강화되고 있다. 탄도 미사일 발사 횟수와 종류도 늘어나고, 엔진 연료의 고체화로 도발 위협을 상시화하려 시도하고 있다. 이러한 시도가 무모한 것일까, 아니면 뭔가 믿을 구석이 있는 것일까?

그 단서를 2013년 4월 7일 김정은이 정찰총국 해커 부대를 방문했을 때 한 말에서 찾을 수 있다. 그는 〈강력한 정보 통신 기술, 정찰총국과 같은 용맹한 사이버 전사들만 있으면 그 어떤 제재도 뚫을 수 있고, 강성국가 건설도 문제없다〉[92]며 자신감을 피력했다.

초기의 사이버 공격은 디도스 공격(2009. 7. 7)과 같이 전산망 교란을 목표로 했으나, 점차 금융망을 해킹해서 현금을 절취하는 방식으로 진화했다. 2016년 2월 방글라데시 중앙은행이 뉴욕연방준비은행에 개설한 외환 계좌를 해킹해 1억 달러 탈취를 시도하거나, 150여 개국 30만 대의 PC에 워너크라이 악성 랜섬웨어 공격을 통해 8억 달러의 피해를 입힌 사례 등이 대표적이다. 2019년 9월 유엔 안보리 대북제재위원회 전문가 패널 보고서에 의하면 정찰총국 산하 사이버 해킹 조직을 통해 20억 달러 정도의 수익을 올린 것으로 추정된다.[93]

그런데 유엔 전문가 패널 보고서는 새로운 사실 하나를 더 지적했다. 바로 북한이 20억 달러의 법정화폐를 해킹한 것과 별개로 2017년과 2018년 2년 동안 암호화폐 5억 7천만 달러어치를 절취했다고 추정한 것이다.

그리고 같은 시기인 2019년 9월 13일 미국 재무부는 북한 사이버 해킹 그룹 제재 보고서를 발표하며, 북한의 3대 해킹 그룹인 라자루스, 블루노로프, 안다리엘을 불법 무기와 미사일 프로그램을 지원하기 위해 사이버 공격을 일삼은 혐의로 제재 명단에 올렸다. 그러면서 3개 해킹 그룹이 암호화폐 절취를 통해 2017년 1월부터 2018년 9월까지 5억 7천100만 달러 상당의 수익을 올렸다고 적시했다.

북한의 해킹 능력

북한은 1986년 〈군 지휘자동화대학〉(평양시 미림동에 위치해 〈미림대학〉으로 불리며, 2000년에 〈김일 군사대학〉으로 명칭 변경)을 설립해 100여 명의 컴퓨터 전문 요원을 양성하기 시작했다.[94] 이를 모태로 조직을 발전시켜 현재 북한이 보유한 사이버 전사는 6천800명에 달하는 것으로 추산된다.[95]

북한이 획기적으로 사이버 공격 능력을 강화한 것은

2010년 정찰총국을 창설하고 그 산하에 사이버 지도국(121국)을 설립해 사이버 병력을 500명에서 3천 명으로 증강한 시절로 파악된다.

규모 면의 증강 추세도 주목되지만, 이들의 해킹 능력이 세계적 수준이라는 데 심각성이 있다. 2018년 크로우드스트라이크라는 세계적 사이버 보안 회사에서 개최한 각국을 대표하는 해커들의 해킹 능력 경연 대회에서 보여 준 북한 해커의 성적을 통해 그 능력을 가늠할 수 있다. 사이버 방화벽을 통과해 특정 지점에 도달하는 시간을 측정한 결과를 토대로 각국의 해킹 능력을 파악한 것이다.

그 결과, 러시아가 18분 49초로 1위, 북한이 2시간 20분으로 2위, 중국이 4시간, 이란이 5시간 9분으로 나타났다. 이 보고서는 이들 4개국의 시간차를 단순히 실력의 차이로 보기는 어렵다고 설명한다. 즉 러시아와 북한의 시간 차이는 해킹 스타일 때문이라는 것이다. 러시아는 저돌적으로 목표 지점까지 거침없이 뚫고 들어가는 스타일이라면, 중국은 일정한 지점까지 들어가서 발각 여부를 확인한 후 다음 단계로 침투하는 신중한 태도를 취하기 때문에 시간이 상대적으로 많이 소요된 것으로 분석했다. 그리고 북한은 그 중간 수준으로, 공격적이면서도 신중한 스타일이라고 한다. 이처럼 북한의 해킹 능력은 러시아, 중국에 비해 뒤처지지 않을 정도로 수준 높다고 할 수 있다.[96]

북한의 암호화폐 절취 규모

세계적 수준의 해킹 능력을 갖춘 북한 김정은 정권은 이를 활용해, 국제 제재 레짐에 의해 부과된 압박을 돌파하는 출구로 암호화폐 거래소를 공격했다.

북한이 암호화폐 절취를 통해 획득한 자금 규모를 추적하기 전에 구분할 것이 있다. 북한이 사이버 해킹을 통해 자금을 획득하는 방식은 크게 두 가지다. 하나는 국제 금융망에 침투해 법정화폐 특히 달러를 빼돌리는 것이다. 그 대표적인 사례가 2016년 방글라데시 중앙은행이 뉴욕연방준비은행에 개설한 외환 계좌를 해킹해 8천100만 달러를 탈취한 것과 같은 해 일본 도쿄 지역을 비롯한 1천700개 ATM기에서 18억 6천만 엔을 불법 인출한 것이 대표적이다.[97] 또 다른 방법은 암호화폐 거래소를 해킹하거나 암호화폐를 거래하는 개인의 비밀번호를 도용해 암호화폐를 획득하는 것이다. 해킹 대상이 법정화폐냐 암호화폐냐의 차이일 뿐 두 가지 모두 사이버 해킹을 통해 이루어진다는 점에서는 같다.

유엔 안보리 전문가 패널 보고서는 2019년에 처음으로,

북한이 정찰총국의 주도하에 사이버 해킹을 통해 대규모 자금을 획득하고 있으며, 그 규모가 20억 달러 이상 될 것으로 적시했다.[98] 그리고 북한이 2017년 4월부터 2018년 9월까지 5억 7천100만 달러 상당의 수익을 올렸으며, 이것이 북한의 WMD와 탄도 미사일 프로그램 개발 자금으로 활용됐을 것으로 지적했다. 이는 미국 재무부가 북한의 해커 조직 라자루스, 블루노로프, 안다리엘 3개 조직이 암호화폐를 탈취했다고 밝힌 이후, 유엔 안보리에서 동일한 액수와 조직을 인용해서 사용하고 있는 수치다.[99]

여기에서는 북한이 사이버 해킹을 통해 자금을 탈취했다고만 할 뿐, 법정화폐와 암호화폐를 구분해서 그 규모를 밝히지는 않았다.

북한의 암호화폐 절취를 명확히 적시한 최초의 사례는 2020년 3월 미국 재무부가 기소한 사건이다. 미국 재무부는 북한 해킹 그룹 라자루스가 2017년 12월부터 2019년 4월 사이 전 세계 암호화폐 거래소를 해킹해 2억 5천만 달러 어치 암호화폐를 절취한 것을 밝혀내고, 이 암호화폐의 자금 세탁 혐의로 중국인 2명을 기소했다.[100]

현재까지 국제 사회가 추적 조사한 결과를 종합해 보면 다음과 같은 수치를 도출할 수 있다. 미국과 유엔 안보리를 통해 확인된 북한의 암호화폐 절취 금액은 최대 2017년 4월부터 2018년 9월까지 5억 7천만 달러와 2019년부터 2020년 11월까지 3억 1640만 달러로, 시기가 거의 겹치지 않는 기간 동안 공식적으로 밝혀진 규모다. 따라서 2017년 4월부터 2020년 11월까지 유엔 안보리 전문가 패널에서 추적한 북한의 암호화폐 절취 규모는 대략 8억 8640만 달러로 볼 수 있다. 미국 백악관은 2023년 1월 27일 보고서를 통해 북한이 암호화폐 시장을 통해 10억 달러 이상 벌어들였고, 그 돈으로 공격적인 미사일 프로그램에 자금을 조달할 수 있었다고 적시했다.[101]

이러한 유엔과 미국 정부의 공식 발표를 종합해 보면, 북한의 암호화폐 절취 총량은 10억 달러 내외로 볼 수 있다.

그런데 2023년 2월 체이널리시스의 분석에 따르면 2016년부터 2022년까지 북한의 암호화폐 절취 규모는 32억 400만 달러로 추정된다.[102]

2021년 4억 2,950만 달러에 비해 네 배가 넘는 16억 5050만 달러를 2022년에 벌어들인 것이다. 유엔 안보리나 백악관의 공식 통계보다 수치가 높은 이유는 정부의 보수적 통계(추정컨대, 명확한 증거가 확보된 사안을 기초로 하는 통계)에 비해 민간 보안 업체는 더욱 적극적으로 북한의

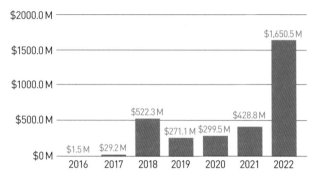

〈북한 해커들이 훔친 연간 총 암호화폐〉

행위를 추정했기 때문일 것이다.

　아무튼 이는 국제 사회의 감시가 늘어나면서 추적 적발되는 북한의 암호화폐 절취 사례도 늘어난 결과로 보인다. 만약 그렇다면 향후 북한의 암호화폐 절취 규모는 더 증가할 가능성이 있다고 봐야 할 것이다.

　한편 2020년 9월에 발표한 유엔 대북제재위원회 전문가 패널 보고서에서는 북한이 더욱 정교하게 암호화폐 절취 활동을 강화하고 있는데, 그 특징으로 두 가지를 언급했다. 더 익명성이 강화된 암호화폐 절취 또는 채굴 활동이 늘어나고 있다는 점과 암호화폐를 법정화폐로 교환하기 위한 여러 가지 불법 활동이 나타나고 있다는 점이다.[103] 그럼에도 불구하고 지금까지 북한에 대한 유엔 안보리 제재 결의에는 암호화폐 자산에 대한 동결 또는 압류 조치를 명확하게 규정하지 않아, 이를 해결하기 위한 노력이 필요하다고 지적하고 있다.

그런데 체이널리시스가 파악한 북한의 암호화폐 절취 총액인 32억 달러는 개성공단에서 북한 근로자 3만 5천여 명이 1년 동안 벌어들인 액수의 30배가 넘고, 유엔 제재가 효력을 발휘한 2019년 북한의 1년 수출액 2억 6천만 달러의 15배에 이르는 액수다. 따라서 국제 사회가 북한의 암호화폐 절취 활동을 차단하기 위해 심혈을 기울이는 것은 대북 제재 효과를 유지하기 위한 핵심적 활동인 셈이다.

북한의 암호화폐 절취 수법

지능형 지속 공격: 가장 일반적이고 진화되고 있는 북한의 해킹 수법은 지능형 지속 공격이다. 사실 이 기법은 완전히 새로운 것이라기보다 과거 해킹 기법에서 시간과 노력을 더 많이 투여하는 것이라고 볼 수 있다. 초기 해킹은 아무에게나 무작위로 무차별적으로 공격하는 방식이었다. 하지만 좀 더 세련된 이 방식은 일단 공격 대상을 선정해서 침투하면 대상자의 인적 네트워크 특성 등을 파악할 때까지 활동하지 않고 정보를 모으는 잠복 시간을 가진 다음, 해킹 대상

자의 사회적 특성을 감안해 이메일 등을 유포해서 해킹 대상을 늘려 나간다.

지능형 지속 공격의 대표적 사례는 2010년 6월 이란 나탄즈 우라늄 농축 시설 원심분리기 30퍼센트의 작동을 정지시킨 것으로 알려진 스턱스넷 웜 바이러스다. 이는 감염된 모든 PC를 공격하는 것이 아니라, 잠복해 있다가 특정 조건에 부합하는 상황에서만 작동하게 설계되어 있었다.[104] 이 같은 고도의 웜 바이러스 공격이 아니더라도, 최근 북한의 해킹 공격에는 주로 지능형 지속 공격 기법이 동원되었다.

한국의 암호화폐 거래소가 공격당한 대부분 사례는 지능형 지속 공격에 의한 것이었다. 빗썸 거래소는 2017년부터 북한에 의해 네 번이나 공격당해 총 1억 2천만 달러 이상의 손실을 보았는데, 그 발단은 미모의 여성 사진을 붙인 입사 지원서에 악성 코드를 심어 빗썸 거래소 직원에게 이메일을 보내면서 시작되었다. 이 메일을 열어 본 빗썸 거래소 직원이 장악당하면서, 빗썸 거래소를 통해 거래하는 고객들의 암호화폐 지갑의 코드와 암호가 유출된 것이다. 유사한 방식으로 업빗 거래소도 2019년 11월 4580만 달러를 해킹 당했다. 미국 법무부는 이것이 북한의 해킹 그룹 라자루스의 소행임을 밝혀냈다.[105]

그리고 유빗 거래소는 2017년 4월과 12월 두 번에 걸친 해킹으로 총자산 12퍼센트의 손실을 입어 폐쇄했다. 전문가에 따르면 이 같은 암호화폐 거래소의 손실은 주로 거래소 직원이 관리하는 지급 준비금을 보관하는 암호화폐 지갑이 해킹당함으로써 벌어진 것이라고 한다.[106]

이러한 지능형 지속 공격도 2019년부터 새롭게 진화하고 있다. 기능별로 다양한 해킹 프로그램을 모음으로 연결해서 다양한 기법으로 해킹을 시도할 수 있는 봇넷 업체와 연계하기 시작한 것이다. 2020년 3월 공개된 유엔 제재위원회 전문가 패널 보고서에서는 북한이 러시아의 봇넷 전문 업체 트릭봇 그룹과 연계되었다고 밝힌 바 있다.[107]

랜섬웨어 공격: 2017년 5월 12일, 북한의 해킹 그룹 라자루스는 전 세계를 대상으로 워너크라이 랜섬웨어 공격을 감행했다. 그로 인해 150개국 20만 대의 PC가 감염되어 8억 달러의 피해를 입었다.

랜섬웨어 공격은 해킹을 통해 공격 대상 PC의 자료들을 암호화하는 것이다. 해킹당한 PC 소유자가 풀 수 없도록 해놓기 때문에 이를 풀려면 해킹한 그룹에 대가를 지불해야 한다.

북한은 파일 복구 조건으로 처음 3일은 300달러, 그리고 3일이 지나면 500달러를 요구하고, 7일이 지나면 PC 시스템이 완전히 파괴되도록 해놓았다. 이때 북한은 해당 금액을 암호화폐의 일종인 비트코인으로 요구했다.

이러한 범행을 통해 북한이 실제로 벌어들인 암호화폐는 많지 않은 것으로 파악되었다. 사건이 발생한 지 1개월 정도 지난 2017년 6월 15일 미국 국가정보국의 분석에 따르면 북한은 14만 달러 상당의 비트코인을 확보한 것으로 파악되었다.

한국 보안 회사 NSHC가 워너크라이 랜섬웨어와 연결된 비트코인 전자지갑을 분석한 결과 공격자가 얻은 이익을 약 12만 6,623달러로 파악한 것으로 보건대, 8억 달러 상당의 피해를 준 것에 비하면 실제로 북한이 벌어들인 암호화폐 수익은 매우 작았다. 이후 북한은 랜섬웨어 공격으로 벌어들인 비트코인을 모네로로 교환했는데, 이때는 스위스의 암호화폐 거래 업체인 셰이프시프트가 이용당했다.[108]

코로나19로 재택근무가 늘어나면서, 랜섬웨어 공격도 급격하게 늘어난 것으로 파악되고 있다. 북한의 소행 여부는 공개하지 않았으나, 2020년 2분기 동안 바이러스 백신 프로그램인 알약으로 차단된 랜섬웨어 공격 건수가

16만 3,922건으로, 일간 기준으로 환산하면 하루 평균 약 1,822건으로 집계되었다.[109]

그뿐만 아니라 랜섬웨어 공격의 양상도 진화하는 것으로 파악된다. 즉, 전통적인 랜섬웨어 공격은 무차별로 악성 코드를 배포하고 감염된 PC의 데이터를 암호화한 후 보상을 요구하는 방식이었는데, 앞의 2017년 사례에서 보듯이 피해액에 비해 실제로 해커가 얻는 이득이 크지 않았다. 왜냐하면 보상 능력이 없는 PC 소유자들까지 무차별로 공격했는데 그들이 암호화된 자료를 포기한 탓이다. 하지만 최근에는 침투 후 배포 전략으로 변경해 공격 목표를 고가용성 요건, 즉 공공시설이나 병원, 산업 제조 시설 등 몸값을 지급할 능력을 가진 기업을 대상으로 삼고 있다.[110]

이러한 사례가 북한이 실행한 랜섬웨어 공격은 아니지만, 향후에 북한이 랜섬웨어 공격의 새로운 기법으로 벤치마킹할 가능성이 있다.

크립토재킹: 크립토재킹Cryptojacking은 암호화폐Cryptocurrency와 하이재킹Hijacking의 합성어다. 즉, 피해자 모르게 피해자 시스템의 계산력을 훔쳐 암호화폐 채굴을 하는 것이다. 악성 코드를 심어 피해자의 CPU나 GPU를 암호화폐 채굴에 사

용하는 것을 말한다.

유엔 안보리 대북제재위원회 전문가 패널 보고서에 따르면 북한은 2017년 12월 24일 암호화폐 채굴 악성 코드를 유포하고 감염된 PC가 모네로를 채굴하도록 했는데, 이렇게 채굴한 암호화폐를 김일성 대학 서버로 전송하도록 해놓았다. 그 비밀번호가 김정은의 이니셜인 KJU였다.[111]

여기서 주목되는 것은 북한의 초기 절취 주 대상이던 비트코인이 아닌 모네로를 노리고 있다는 점이다. 국제 사회의 감시와 추적 강도가 높아지자, 암호화폐 중에서도 익명성이 높은 다크코인을 노리는 것으로 해석할 수 있다. 더 큰 문제는 이 악성 코드가 어디에 얼마나 많은 컴퓨터에 심어졌는지, 또 얼마나 많은 모네로가 인출됐는지 확인하기 어렵다는 점이다. 보안 회사 에일리언볼트는 규모가 큰 기업들에도 악성 코드가 심어졌을 가능성이 크다고 우려했다.[112]

크립토재킹도 진화하고 있는데, 한 대의 시스템에 채굴 악성 코드를 감염시켜 암호화폐를 탈취하던 초기 방식에서 벗어나, 웹 서버에 스크립트를 삽입해 웹 사이트 방문자 모두에게서 암호화폐를 탈취하는 방식을 사용하는 것으로 알려졌다.[113]

그뿐만 아니라 모바일 게임 보조 프로그램에 악성 스크립트를 설치해 감염시키는 방식, 와이파이 해킹을 통해 네트워크망에 침투해 암호화폐를 채굴하는 방식, 유튜브 광고 플랫폼에 악성 스크립트를 설치하는 방식까지 다양하게, 크립토재킹은 우리 일상생활 가까운 데까지 침투해 왔다.

가짜 암호화폐 거래 플랫폼 개설: 북한의 또 다른 암호화폐 절취 수법은 가짜 암호화폐 거래 플랫폼을 개설하고 이를 통해 악성코드를 감염시켜 암호화폐를 빼돌리는 방식이다. 이는 유엔 안보리 대북제재위원회 전문가 패널 보고서에서 자세히 다루고 있다. 북한은 합법적으로 보이는 암호화폐 거래 플랫폼을 인터넷에 구축하고, 이 플랫폼에 암호화폐 지갑 앱을 다운받기 위해 키를 누르면 악성 코드에 감염되도록 설계했다.[114]

가짜 사이트 셀라스 리미티드는 합법적으로 보이기 위해 주소지를 미국 미시간주 한 도시로 해놓았다. 그뿐만 아니라 기업용 소셜미디어를 통해 전화나 문자 메시지 등으로 신뢰를 쌓은 뒤 악성 코드를 첨부한 이메일을 보내 정보를 빼내는 수법도 사용했다.

북한이 이러한 수법을 통해 암호화폐를 절취한 것으로 파악되었음에도 그 액수가 얼마나 되는지는 누구도 정확하게 파악하지 못하고 있다.

2
북한 암호화폐 절취의 종착점

북한의 암호화폐 세탁 기법

암호화폐를 절취했다고 해서 이것을 사용해 곧바로 법정화폐와 같이 무기, 사치품, 필수품을 구입할 수 있는 것은 아니다. 절취한 암호화폐를 달러, 유로 또는 위안화로 교환하는 작업이 필요하다. 그렇지 않으면 그나마 환금성이 가장 높은 비트코인이나 이더리움으로 세탁하는 것이다. 일종의 자금 세탁이라 할 수 있다. 자금 세탁이란 불법 활동으로 얻은 수익을 합법적인 자금으로 전환하는 일련의 과정 또는 자금의 위법한 출처를 숨겨 적법한 것처럼 위장하는 과정을 말한다.[115]

2021년 유엔 안보리 제재위원회 전문가 패널 보고서에서는 북한이 암호화폐를 탈취한 뒤 이를 어떻게 현금화하는지와 어떤 자금 세탁 작업을 하는지 설명하고 있다. 이 보고서는 북한이 2019년 암호화폐를 다른 암호화폐로 바꿔치기 하는 〈체인 호핑 기술〉을 사용한 것으로 밝히고 있다.[116]

체이널리시스는 북한의 체인 호핑 수법을 분석한 문서를 작성했다. 〈Wannacry 2.0: BTC(비트코인)에서 XMR(모네로)로, 그리고 3개월 후 BCH(비트코인 캐시)로 돌아온 자금 추적〉이라는 제목의 이 문서에는 라자루스가 2017년 8월 17일 셰이프시프트에서 세 번의 거래를 통해 비트코인을 모네로로 바꿨고, 같은 해 11월 2일 셰이프시프트에서 아홉 번의 거래를 통해 536 모네로를 비트코인 캐시로 변환했다는 내용이 담긴 것으로 알려졌다.[117]

미국의 매사추세츠공대가 발간하는 기술 관련 잡지 『테크놀로지 리뷰』에는 북한의 암호화폐 세탁 기법 두 가지가 소개되어 있다.[118] 첫 번째 수법은 유엔 안보리 대북제재위원회 전문가 패널 보고서에서 언급한 체인 호핑 기법이다. 이에 대해 블록체인 분석 업체 체이널리시스의 제시 스피로는 비트코인에서 다른 종류의 암호화폐인 이더리움으로 변환한 뒤 이것을 다시 비트코인으로 송금하는 방식이라고 설명한다. 그리고 또 다른 암호화폐 세탁 기법은 필체인이다. 이는 암호화폐 계좌의 자금을 수백 개에서 수천 개의 다른 계좌로 쪼개서 보내기 때문에 이들 거래 활동에 대한 추적이 쉽지 않다. 이러한 두 가지 암호화폐 세탁 수법을 통해 북한의 해킹 조직인 라자루스 그룹이 2억 5천만 달러의 암호화폐를 세탁했다고 이 보고서는 밝히고 있다.

특히 북한 해커들이 암호화폐를 세탁하는 주요 거점은 중국 암호화폐 장외 거래소인데, 중국의 장외 거래소는 일반 금융기관들과 같이 자금 출처를 명확히 하기 위한 본인 인증을 요구하지 않아 위조 신분으로 거래가 가능하기 때문이라고 설명한다.[119]

그리고 북한이 허위 계정과 가짜 신원 생성 등을 유지하기 위해 정확하지는 않지만 소득의 15퍼센트를 사용하는 것으로 알려지고 있다.

북한의 독자적 암호화폐 제작 움직임

지난 2021년 9월 27일 미국 법무부는 버질 그리피스라는 미국인 암호화폐 전문가가 유죄를 인정했다는 보도자료를 발표했다. 이더리움 개발자이기도 한 그는 〈미국의 가장 위험한 외국 적들 중 하나인 북한을 돕는 데 동의했다〉라고 밝혔다.

그리피스는 2019년 4월 18일부터 25일까지 평양에서 개최된 〈평양 블록체인 및 암호화폐 콘퍼런스〉에 참가해 블록체인과 암호화폐 기술을 설명해 주고, 남북한 간 암호화폐 교환이 가능하도록 계획을 수립한 것으로 알려졌다. 그러다가 2019년 11월 연방수사국에 체포되어 법정 공방을 벌이고 있다.

북한 당국에 의해 계획되고 추진된 이 암호화폐 국제 콘퍼런스의 참가비는 1인당 3천300유로였다. 버질 그리피스는 주최 측에서 블록체인 기술과 암호화폐 앱으로 자금세탁하는 방법과 제재 회피 방법을 중심으로 발표해 달라는 요청을 받았다고 증언했다.

특히 이 국제회의를 추진한 조선친선협회 회장 알레한드로 카오 데 베노스는 북한의 계획은 제재를 피하고 미국이 지배하는 글로벌 금융 체제를 우회하기 위해 암호화폐를 개발하는 것인데, 아직 초기 단계라고 밝힌 바 있다. 특히 북한 시민들은 계속 종전 화폐를 사용하되 은행, 기업, 기관들은 새로운 암호화폐인 DPRK 토큰을 쓰게 될 거라고 밝혔다.[120]

블록체인 개발자 출신인 애슐리 테일러 CCSI 연구원도 〈북한이 지금은 암호화폐를 훔치는 데 집중하고 있지만, 충분히 많이 훔치면 자체적으로 암호화폐 시장을 구축하는 쪽으로 움직일 것〉으로 추측한다.[121] 이는 북한이 국제 콘퍼런스를 통해 발전시키려는 암호화폐 자체 개발과 정확하게 일치한다.

애슐리 연구원은 북한이 익명성을 보장하는 사이트 뒤에 숨어 암호화폐 시장을 조성해 상품과 용역을 거래한다면, 전통적인 인터넷과 전통적인 금융 체계와 전혀 접촉하지 않고 수익을 낼 수 있으므로 제재 이행이 훨씬 어려워질 거라고 우려했다.

3

독일 통일 과정에서 화폐 통합

화폐 체제의 통합

통일 대한민국은 어떠한 화폐를 사용하게 될까?

독일 통일 과정의 화폐 통합 분야에서 독보적인 김영찬 대외경제연구원 박사의 연구 결과를 통해 독일의 사례를 잠깐 들여다보자.

동독의 경우 1989년 11월 9일 베를린 장벽 붕괴 시점에서 서독 마르크가 유입되어 병용 통화로 사용되고 있었다. 약 30억~40억 마르크의 현금 통화가 유동되고 있었는데, 이는 당시 현금 통화량이 170억 동독 마르크였던 것을 감안하면 상당한 액수였다.[122]

동독 마르크로는 사치재를 구입하거나 서방 세계 여행을 제대로 할 수 없었기 때문에 동독 부유층은 서독 마르크를 열심히 모아 두었다. 이는 서독 마르크 보유를 둘러싸고 계층 간 위화감을 조성하는 원인이 되기도 했다. 그러다 보니 독일 통일 과정에서 동독 주민들은 서독 마르크를 마음 놓고 쓸 수 있다는 기대감이 고조되었고, 급기야 통일 협상 과정에서 〈서독 마르크여 오라, 아니면 우리가 간다〉라는 구호까지 외치게 되었다.

통일을 결정한 상황에서 두 체제의 화폐를 통합할 때는 전환 비율을 정하는 것이 핵심이다. 이것은 경제 정책이기도 하지만 고도의 정치적 결정이 필요한 부분이다. 1990년 통일 과정에서 동독 인구는 서독 인구의 26퍼센트 수준이었지만, GDP는 서독의 10퍼센트, 생산성은 서독의 30~35퍼센트 수준이었고, 총임금은 평균적으로 3분의 1, 순 가처분소득은 절반 정도였다.[123]

다른 한편으로, 동독 마르크화는 당국의 통제로 외환 시장에서 자유롭게 거래할 수 없었다. 그로 인해 시장 환율이 형성되지 않아, 시장 가치를 기준으로 하는 전환 비율 산정이 매우 어려웠다. 더구나 동독 정부가 동독 마르크화의 국외 유출입을 엄격히 통제함에 따라 공식 환율과 암시장 환율이 이중으로 존재했기 때문에 전환 비율 산정이 더욱 어려운 과제였다.

동독 마르크와 서독 마르크의 1:1 전환 비율을 원하는 동독 주민들의 요구와 서독 금융 당국의 2:1 제안을 혼합해 독일연방은행이 최종적으로 전환 비율을 정한 뒤, 이를 서독 정부를 통해 동독 내각이 동의함으로써 결정되었다. 임금 및 연금, 전세 등은 1:1, 기업 및 개인의 금융 자산 부채는 기본적으로 2:1로 하되 연령별, 액수별 차등을 두어 1:1에서 3:1 전환 비율을 적용했다.[124]

서독 마르크 운송 작전

1990년 10월 3일 독일이 정식으로 통일되었지만, 이보다 앞서 1990년 7월 1일 서독 마르크가 법정 통화로 유통되었다. 통화 통합 협상이 1990년 5월 18일 조인되었으니, 6주 동안 동독 주민들에게 그토록 동경하던 서독 마르크를 전해 줘야 했다.

독일연방은행은 동독 지역 국립은행 지점에 서독 마르크를 운송하기 시작했는데, 공급된 지폐만 4억 4천만 장, 460여 톤 분량이었다. 이를 운반할 현금 수송 트럭이 부족한 상황이 발생하기도 하고, 수송 트럭을 어렵게 구했으나 460여 톤의 무게를 감당하기에 동독의 도로 여건과 교량이 열악해 어려움을 겪는 일이 생기기도 했다.

지폐가 이 정도이니 주화는 어땠을지 짐작할 수 있다. 주화는 1억 200만 개로, 740톤을 수송해야 했다.

어려운 여건에서도 현금 수송 로지스틱스 작전은 성공적으로 이루어져 동독 주민 1천600만 명에게 서독 마르크를 쥐여 줄 수 있었다. 당시 독일 언론은 〈희망의 날〉, 〈연중에 느끼는 제야 축제 분위기〉 등의 제하로 보도할 정도였다고 한다. 당시 동독 주민들은 동독 마르크화를 가지고 동구권 국가를 여행할 때 느끼던 2등 독일 국민의 자괴감을 갖지 않아도 된다며 기뻐했다고 한다.[125]

동독 주민에게는 희망과 기쁨이었지만, 화폐를 공급하는 금융 당국으로서는 신권 발행, 운송, 안전 유지 등 막대한 인력과 비용이 들었을 것이다.

독일의 경우에는 서독 마르크화를 동독 주민에게 환전하면 되는 일이었다. 하지만 만약 새로운 화폐를 제작하려면 새로운 도안을 마련하는 과정 또한 만만치 않을 것이다.

통일 대한민국의 화폐는 어떻게 할까?

암호화폐의 진화

북한의 암호화폐 절취에 관해 이야기하다 보니, 암호화폐에 좋지 않은 이미지가 각인되었을지도 모르겠다. 교통신호를 어기는 사람이 있다고 교통신호 자체가 무용한 것은 아니지 않은가? 물론 북한의 암호화폐 절취 행위를 교통신호 위반 정도로 가볍게 보자는 것은 아니다.

북한의 암호화폐 해킹으로 인해 블록체인 기술도 보안에 허점이 있는 것 아닌가 하는 오해를 받기도 한다. 그런데 2009년 비트코인의 첫 블록이 채굴된 이후 비트코인 블록체인은 한 번도 해킹당하지 않았다. 해커들이 비트코인을 도난당했다는 뉴스가 종종 보도되지만, 이는 암호화폐 거래소 혹은 개인의 전자지갑이 설치된 스마트폰을 대상으로 한 범죄이지, 블록체인 네트워크를 공격한 것은 아니다.[126]

비트코인이나 이더리움 등을 화폐로 인정해야 하는가에 대해서도 논란의 여지가 있다. 블록체인을 기반으로 하는 디지털 자산을 옹호하는 사람들은 암호화폐라는 용어를 즐겨 쓰고, 그렇지 않은 사람들은 가상화폐라고 부르기를 좋아하는 경향이 있다. 국제적으로는 암호화폐보다 가상자산이라는 용어를 더 일반적으로 사용한다.

우리가 흔히 암호화폐라고 부르는 비트코인이나 이더리움 등은 뒤에서 설명하겠지만 기반 기술인 블록체인 운영 방식이 개방적이다. 아무도 통제하지 않는다. 그래서 탈중앙화라고 한다. 그런데 역설적이게, 아무도 가입과 탈퇴를 통제하지 않지만 모두가 통제한다. 익명이지만 모든 참여자의 거래 내역을 모두가 공유함으로써 어느 한 사람이 이를 위변조할 수 없도록 하는 것이다.

블록체인은 시스템 내외부를 구분하지 않고 모든 참여자를 신뢰하지 않는다는 이른바 제로 트러스트 모델Zero Trust Model을 기본으로, 데이터의 인증, 저장, 통신을 가능케 하는 분산형 네트워크 기술을 구현한다. 그런데 이는 블록체인의 운영 방식이 폐쇄적일 수 있다는 것을 의미한다. 전자의 운영 방식을 퍼블릭 블록체인이라 하고, 후자를 프라이빗 블록체인이라고 한다.

프라이빗 블록체인의 경우에는 누구나 가입해서 공동 운영자가 될 수 있는 것이 아니라, 특정 블록체인을 운영하는 권위체의 허가를 통해야만 가능하다는 점에서 사토시가 최초 개발한 블록체인 기술의 두 가지 특정, 즉 탈중앙화와 고도의 보안장치 중 탈중앙화는 포기하고 고도의 보안장치로서 블록체인의 기술적 장점만 채용하는 것이라 할 수 있다.

지루하겠지만, 한 가지 더 설명해야 본론으로 나갈 수 있다.

비트코인이나 이더리움 등 현존하는 암호화폐가 화폐인가에 대해 회의적이다. 이는 저장 수단으로서 화폐 기능을 잘 수행하지 못하고 암호화폐의 가격이 매우 불안정한 경향을 보여 왔기 때문이다.[127]

이것을 해결하기 위한 방법으로 암호화폐에 상응하는 법정화폐의 가치를 고정한 것이다.

1944년 7월 브레튼우즈 체제가 출범하면서 미국의 달러화를 기축통화로 삼고, 35달러당 1온스의 금으로 교환하도록 고정한 금본위제를 시작한 것과 유사한 원리로 보면 된다. 담보 형태에 따라 법정화폐 또는 물리적 자산 가치 기반으로 하는 법정화폐 담보형(예를 들면 테더, 트루USD)이 있는가 하면, 다른 암호화폐의 가치를 기반으로 하는 암호화폐 담보형(예를 들면 다이)도 있다.

CBDC(중앙은행디지털화폐)

다시 한번 정리하면, 암호화폐 기반 기술인 블록체인 운영 방식의 폐쇄성 여부에 따라 퍼블릭 블록체인과 프라이빗 블록체인으로 구분된다. 그리고 암호화폐와 특정한 담보가 연계되어 고정적인 경우를 스테이블 코인이라고 부른다.

이 두 가지 성격을 조합해, 상위 권위체에 의해 운영되는 프라이빗 블록체인을 기반으로 한 법정화폐 담보형 중 대표적인 것이 CBDC(중앙은행디지털화폐)다.

이 장에서 이야기하고자 하는 것이 드디어 등장했다. 바로 CBDC다. CBDC는 화폐로서의 신용성과 안정성을 가지면서, 암호화폐의 보안성까지 갖춘 암호화폐다. 중앙은행이라는 권위체에 의해 관리되고, 법정화폐를 담보로 구현되는 암호화폐를 CBDC라고 부른다.

2021년 국제결제은행이 65개국 중앙은행을 대상으로 실시한 조사 결과 발표[128]에 따르면 86퍼센트의 중앙은행이 CBDC 발행 연구를 본격적으로 수행하는 것으로 나타났다. 물론 자세히 들여다보면, 에콰도르, 바하마, 캄보디아,

동카리브, 베네수엘라 등은 이미 도입했고, 스웨덴, 중국, 싱가포르, 우크라이나, 한국 등은 비범 운영하고 있다. 중국의 경우는 디지털 위안화로 증권 매수가 가능하도록 허용했다. 그리고 미국, 일본, 러시아, 영국, EU, 태국, 프랑스 등은 현재 연구 실험 중이다.

우리나라는 한국은행이 2021년 8월부터 CBDC 1단계 모의실험을 통해 가상 환경에서 CBDC의 제조·발행·유통·환수·폐기 등 기본 기능을 구현했다.

2022년 상반기에는 2단계 모의실험을 통해 결제, 디지털 자산 거래, 국가 간 송금 등 기능을 테스트했다. 이후 금융기관과 협력해 실제 사용 테스트 수행을 계획하고 있다. 그렇지만 언제 출시될지는 미지수다. 가장 큰 장애물은 개인 정보 보호 문제다. 중앙은행이 직접 발행하는 CBDC는 경우에 따라 정부가 모든 거래를 파악할 수 있다는 지적이 있기 때문이다.

화폐 제조 비용

매년 설날 즈음 되는 한국은행은 고민이 많다. 세뱃돈으로 쓰기 위해 새 돈으로 바꾸려는 사람이 많기 때문이다. 그래서 한국은행은 신권을 더 찍어 내야 한다. 모든 것이 그렇지만, 새로운 돈을 찍어 내는 데도 돈이 든다. 10원짜리 동전은 제조 원가가 20원 정도이고, 5만 원권 지폐는 200원 정도 된다.

한 해 동안 지폐와 동전 등 화폐 제조 비용은 2019년 2월 기준 1104억 원이었다. 2008년에 가장 많은 비용이 들었는데, 당시 화폐 제조 비용은 5만 원권 신권 발행에 앞서 미리 찍어 금고에 보관해 두기 위한 비용까지 합해 2243억 원이었다.[129]

아무튼 매년 새로운 돈을 만드는 데 1천억 원 정도 든다. 반가운 소식은 화폐 제조 비용이 지속적으로 감소한다는 것이다. 이는 신용·체크카드와 모바일 계좌이체 서비스가 확산되어 현금 이용률이 줄어들기 때문으로 보인다.

이러한 변화는 세계적 추세이기도 하다. 2010년부터 2020년까지 개도국의 현금 이용률은 95.7퍼센트에서 77.9퍼센트로, 선진국의 현금 이용률은 59.3퍼센트에서 30.9퍼센트로 감소했다. 한국의 경우 2010년 79퍼센트에서 2020년 54퍼센트로 줄었다.[130]

매년 헌 돈을 회수·폐기하고 신권으로 메우는 데만 1천억 원 정도 드는데, 만약 한 국가가 새로운 화폐를 만들어 유통하려면 얼마만큼의 비용이 필요할까?

1989년 통일을 앞두고 동독 마르크화를 서독 마르크화로 교환하는 데 사용한 신권이 4억 4천만 장, 460톤 분량이었다. 그 비용에 대한 통계는 찾을 수 없으나, 통일 대한민국의 새로운 화폐 제조에는 연간 1천억 원의 수백 배가 소요될 것이다.

북한의 도로 사정도 동독에 비해 결코 온전하다고 할 수 없다. 그렇다면 통일 화폐를 북한 주민에게 전달하는 과정도 쉽지 않을 것이다.

통일 CBDC

새로운 통일 대한민국 화폐의 도안을 마련하는 데도 국민적 동의 절차 등을 고려하면 시간과 비용이 필요할 것이다. 이 모든 것이 물리적 법정화폐를 가정할 때 발생할 문제다. 교환 비율에 따른 경제적 충격 등은 논외로 하더라도 화폐 전달 과정의 난관과 비용도 한반도 통일 과정에서 중요한 과제가 될 것이다.

특히 북한의 경우 달러라이제이션이 진행되고 있어, 독일 통일 직전 동독 주민들의 서독 마르크화에 대한 동경 현상과 유사한 상황이 나타나고 있다. 북한에서 북한 원화 외에 다른 통화를 공식적으로 허용하지는 않지만, 실질적으로 북한 원화보다 외화(달러, 위안화, 유로화)를 선호하는 〈달러라이제이션〉이 진행되고 있다. 특히 후계자 김정은의 첫 번째 개혁 사업이었던 2009년 화폐 개혁의 부작용으로 북한 원화에 대한 북한 주민들의 신뢰도가 급격히 하락하면서 달러를 교환 및 회계 단위로 사용하기 시작했다. 2019년 기준으로 자산 및 통화 대체 달러라이제이션은 80퍼센트를 상회하는 것으로 추정되기도 한다.[131]

달러라이제이션의 양뿐만 아니라 그 깊이가 어느 정도인지도 매우 중요하다.

배경 설명이 좀 길어진 듯하다. 다시 정리하면, 화폐 제조 즉 돈을 만드는 데 필요한 돈도 만만찮고, 이를 주민들이 특정 시점에 일제히 사용할 수 있도록 전달하는 작업도 국가적 초특급 미션이다. 그런데 북한의 경우 현재 달러라이제이션의 폭과 깊이가 상당한 수준이며 북한 원화의 신뢰도가 매우 낮은 것으로 분석되고 있다.

이러한 조건에서 통일을 상정해 보자.

우선, 통일 과정에서 동독과 같이 북한 주민들이 북한 원화보다 한국 원화를 더 열망할 가능성이 크다. 평화적 통일 과정에서 통일 대한민국 화폐가 새로이 제작될 텐데, 북한 주민들은 이것을 하루빨리 손에 넣으려고 할 것이다. 하지만 현 상황에서 볼 때, 북한의 도로 사정이 현금을 원활하게 수송하는 데 어려움이 있을 가능성이 크다. 앞에서 본 것처럼 신권 제작 비용과 더불어 신권 전달 로지스틱스 작전에 도 큰 에너지가 필요하다.

이에 대한 해결 방안으로 통일 CBDC를 만들어 활용할 필요가 있다. 현재 CBDC에 대한 중앙은행의 거래 내역 감시 우려를 해결할 기술적 방법이 필요하지만, 향후 통일 대한민국 통일 화폐로서 편의성이 기대된다.

2016년 IMF 조사 보고서에 따르면 한국의 GDP 대비 지하 경제 규모는 19.83퍼센트, 약 310조 원 규모로 추정된다. 2014년에 5만 원권 환수율이 29.7퍼센트였다는 것은 그해 발행된 12조 6929조 원어치 5만 원권 중 3조 7665조 원을 제외한 나머지가 개인의 주머니 또는 지하 경제로 숨어 들어갔다고 추정할 수 있다. 한반도 통일 국면에서 일시적으로 대한민국 전체 경제가 불안정할 경우 지하 경제는 더 확대될 가능성이 클 텐데, 이를 견제하기 위한 방안으로 통일 CBDC가 효과를 발휘할 수도 있을 것이다.

만약 통일 대한민국이 통일 화폐로 CBDC를 활용할 경우, 북한의 낮은 휴대전화 보유율이 문제가 될 수 있다. 미국 중앙정보국은 2021년 기준 북한의 휴대전화 사용자 수는 북한 전체 인구의 19퍼센트, 약 500만 명으로 분석했다. 그래서 만약 평화로운 통일이 이루어진다면, 북한 지역 주민에게 무상 핸드폰 보급 사업이 필요할지도 모르겠다.

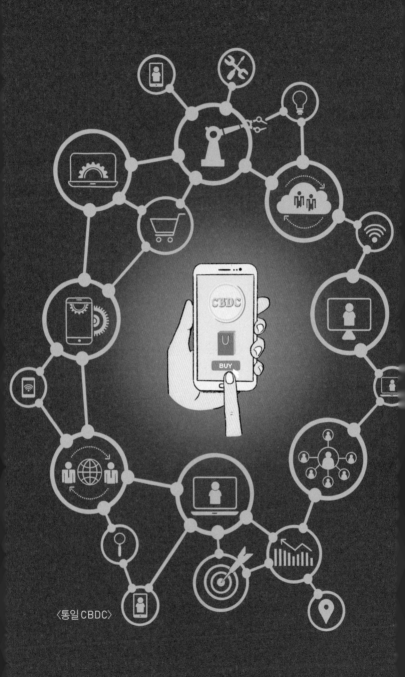

〈통일CBDC〉

암호화폐란 무엇인가?

비트코인

암호화폐로 가장 잘 알려진 것이 비트코인이다. 2020년 1월 현재 작업 증명 방식을 채택한 블록체인 가운데 채굴 보상으로 지급되는 암호화폐의 80퍼센트 이상이 비트코인이다. 그뿐만 아니라 비트코인 등 주류 암호화폐의 비중이 점차 커지는데, 암호화폐 정보 분석 업체 메사리의 분석에 의하면, 2020년 5월 현재 비트코인, 테더, 이더리움 이렇게 세 가지 암호화폐가 거래의 90퍼센트를 차지한다. 이는 1년 전 75퍼센트에 비해 늘어난 수치여서 빅3로 쏠림 현상이 나타나고 있다. 이 비트코인은 2020년 4월 1일 현재까지 1,831만 7,225BTC를 발행했다. 비트코인은 총발행량이 정해져 있는데, 2140년까지 2,100만 BTC를 발행하면 끝이다. 금의 희소성이 교환 가치로써 화폐의 기능을 수행하는 핵심적 성격이었다는 점에 주목한 발상이었을 것이다. 2023년 3월 7일 기준 1BTC는 1912만 1801.98원이다.

다크코인

또 하나의 암호화폐에 대해 간단히 짚고 가자. 바로 모네로다. 이것도 비트코인과 비슷한 블록체인 시스템을 활용한 암호화폐인데, 익명성이 더욱 강화되어 일명 다크코인이라 부르기도 한다. 다크코인은 모네로뿐만 아니라 대시, 지캐시, 코모도, 버지, 바이트코인 등 다양하다. 다크코인이 익명성을 강화하게 된 것은 여러 명의 사용자가 거래에 대해 서명하고 이를 섞어 버려 누가 서명했는지 역추적할 수 없는 기술로, 링서명과 실제 발신자에 대해 일회성 주소를 생성해 주는 기능 때문이다.

블록체인

비트코인 기반 기술이 블록체인이다. 일종의 사용자 간 네트워크를 연결하는 특별한 기술 체계인데, 그 핵심적인 특징이 탈중앙화다. 탈중앙화인 이유는 다음과 같다. 현재까지 사이버상에서 네트워크 거래를 위해서는 중앙의 중개기관이 필요했다. 금융에서는 은행과 같은 기관이다. 금융 거래에서 거래자끼리 서로 믿을 수 없기 때문에 누군가 거래자들의 신용을 검증하고 보증 서야 한다. 그런데 이 중개 기관도 거래자의 신용 정보를 분실하거나 조작될 위험에 대비해 2차, 3차로 백업해 놓을 수밖에 없다. 따라서 금융 거래가 발생할 때마다 변경된 거래장부를 모든 블록체인 네트워크에 연결된 노드가 공유하게 되는데, 이러한 기술을 분산원장 기술이라고 한다. 이것이 계속 연결되어 연결 고리 즉 체인이 되는 것이다. 거래자 1의 거래 내용을 담은 분산원장 1에다 거래자 2가 거래 내용을 담은 분산원장 2를 만들어 다시금 모든 거래자가 공유하는데, 이때 노드들은 일정 부분 자기 노드의 메모리 용량을 할애해서 이것을 저장한다. 그 대신 생산된 암호화폐를 일정 비율로 나눠 갖는 인센티브를 제공한다. 그래서 블록체인과 비트코인은 혈관과 혈액 같은 관계가 되는 것이다.

5장

자유민주주의 통일이 답이다

내가 꿈꾸는 통일은 7천500만 민족이 문명적 혜택을
함께 향유하는 통일이다.

1
자유민주주의 통일

헌법적 요구, 자유민주주의 통일

이제 다시 처음으로 돌아가 보자.

대한민국 헌법 제4조는 〈대한민국은 통일을 지향하며, 자유민주적 기본 질서에 입각한 평화적 통일정책을 수립하고 이를 추진한다〉라고 언명하고 있다. 여기에서 자유민주적 기본 질서에 대해 2001년 헌법재판소는 자유민주주의 실현을 헌법의 지향 이념으로 삼고 있는 것으로 해석했다.

그러면서 국가 권력의 간섭을 배제하고 개인의 자유와 창의를 존중하며 다양성을 포용하는 자유주의와 국가 권력이 국민에게 귀속되고, 국민에 의한 지배가 이루어지는 것을 내용적 특징으로 하는 민주주의가 결합된 개념이 자유민주주의라고 설명한다.

이 자유민주주의를 헌법 질서의 최고 기본 가치로 파악

하고, 이러한 헌법 질서의 근간을 이루는 기본적 가치를 〈기본 질서〉로 선언했다고 헌법재판소는 헌법 제4조의 내용을 설명한 바 있다.

헌법재판소는 이 판시를 통해 우리 헌법은 반국가 단체의 일인 독재 내지 일당 독재를 배제하고 다수의 의사에 의한 국민의 자치, 자유·평화 등의 기본 원칙에 의한 법치주의적 통치 질서가 자유민주주의라고 부연 설명했다. 이를 구체적으로 기본적 인권 존중, 권력 분립, 의회 제도, 복수 정당 제도, 선거 제도, 사유 재산과 시장경제를 골간으로 한 경제 질서 및 사법권의 독립 등을 의미한다고 명시했다.

헌법은 대한민국의 통일이 이러한 자유민주주의를 근간으로 운영되는 체제여야 한다고 요구하는 것이다.

자유민주주의는 인간 본성에 충실한 체제

모든 정치 이념의 논리적 시작에 대해 생각해 본다.

예전 고등학교 시절 세계사 시간에 맹자의 성선설과 순자의 성악설을 외웠다. 이것이 왜 중요한지도 모르면서 그저 외웠다. 정치학을 공부하고 정치사상을 배우면서 알게 된 것이 있다. 인간 본성이 정치사상의 논리적 시작이라는 점이다.

우선, 인간 본성은 과학적으로 증명되는 성질이 아니다. 그저 논리적 설득력과 인간 역사의 경험으로 유추할 뿐이어서 여전히 논쟁의 여지를 안고 있다. 그렇지만 정치사상가들은 명시적이든 묵시적이든 인간 본성에 관한 전제를 깔고 그들의 사상을 설파한다. 사회계약론자로 불리는 두 거장 홉스와 루소에게서 대별되는 인간관을 볼 수 있는데, 먼저 토머스 홉스는 1651년 『리바이어던』에서 문명 이전 자연 상태에서 인간은 이기적인 존재로서 서로 자신의 이익을 차지하고 지키고, 더 많이 갖기 위해 만인 대 만인의 투쟁 상태가 된다고 가정하고 그의 사상 체계를 구축한다. 인간 행동의 발로는 사욕과 공포라고 본 것이다.[132]

반면 장 자크 루소는 1754년 프랑스 디종 학술원의 인간 불평등의 기원에 관한 논문 응모에 기고하며, 홉스의 인간 본성은 이미 사적 소유에 의해 오염된 상태를 상정한 것이라며, 자연 상태의 인간은 연민이라는 심연의 감정을 가진 선한 존재라고 묘사한다.

그럼 민주주의 사상에서는 인간 본성을 어떻게 볼까?

민주주의 사상에서 인간은 불완전한 존재다. 이성적이지도 않고, 절대 진리를 품고 있는 존재도 아니다. 결론은 늘 잠정적일 뿐이다. 그래서 함께 모여 논의하고, 현재적 조건에서 가장 바람직한 것을 찾아 나가자고 약속한다. 모든 인간은 다르지만, 고유의 생각을 존중하자고 약속하는 것이다. 그럴 때 최적의 선택을 함께 할 수 있다고 본다.

광장에 소 한 마리를 매어 놓고 이 소의 무게를 말하라고 하면, 정확히 맞추는 사람이 없다. 그렇지만 시민들 한 사람 한 사람이 말한 소의 무게를 평균하면 실제에 가까워진다. 이러한 원리로 선거를 하고 국민투표를 하는 것이다.

마르크스주의의 인간관은 어떨까?

인간 본성 자체를 인정하지 않는다. 인간 본성이 있다고 하더라도 변화 가능하다고 본다. 산업 혁명 시기에 마르크스가 느꼈던 혹독한 노동 현장을 강요하는 자본가의 탐욕은 원래의 인간 본성이 아니라고 본다. 이는 자본주의에 의해 오염된 인간의 모습일 뿐이다.

그래서 자본주의에 오염되지 않은 노동자 계급(프롤레타리아 계급)이 혁명을 일으켜 사회주의 체제를 통해 욕망과 탐욕에 찌든 자본가 계급(부르주아 계급)을 교화시켜 공산주의 체제로 가야 한다고 설파한다. 이는 의지의 문제가 아니라 역사의 법칙이며 이것이 사회발전의 법칙이라고 주장한다. 잠정적으로 사회주의 일당 독재가 필요하다. 이를 프롤레타리아 혁명이라고 한다. 여기서 보는 바와 같이 마르크스주의에서는 인간 본성을 밀가루 반죽처럼 변형 가능한 것으로 묘사한다.

마르크스의 정치사상이 현실태로 나타난 것이 1917년 2월의 러시아 공산혁명이고, 실험은 1991년에 실패로 귀결되었다. 이것은 인간 본성에 대한 잘못된 이해와 가정에서 출발했다는 말이다.

스탠퍼드 대학교의 철학자이자 정치경제학자인 프랜시스 후쿠야마는 1989년 저무는 소련의 모습을 보며 역사의 종언이라고 갈파했다. 역사 속에서 자유민주주의가 군주제, 파시즘, 공산주의를 차례로 무너뜨리고 인류 이데올로기의 종점이 되었다고 선언한 것이다.

결국 공산주의 혁명을 통해 제거하려던 인간의 이기적 본성은 오히려 인류 역사 최초의 사회주의 국가였던 소련을 해체시켜 버렸다. 인간 본성을 무시한 공산주의 사상은 인간 본성의 역습으로 무너져 버린 것이다. 지미 카터 미국 대통령 시절 백악관 국가안보보좌관을 지낸 국제 정치학자 즈비그뉴 브레진스키는 이것을 〈대실패〉라고 불렀다.

역사 발전의 원동력은 이기심

가끔 저가형 만물 백화점을 찾는다. 학용품, 장난감, 주방용품, 자동차용품, 스포츠용품 등 없는 게 없다. 이곳에 가는 이유는 내가 생각하는 물건, 〈뭐 이런 거 없을까?〉 싶은 것이 거의 상품으로 만들어져 있기 때문이다. 실리콘 냄비 집게, 흰옷 얼룩제거 팬, 설거지할 때 물 튀는 것을 막아 주는 싱크대 물막이, 반숙과 완숙 등 식성대로 달걀 삶는 데 쓰는 타이머, 늘어남 방지 옷걸이 등 물건을 볼 때마다 감탄하게 된다. 간혹 가족과 함께 갈 때면 이렇게 말한다. 「이것이 시장의 능력이라고.」

어떻게 이런 물건들이 고안되고 만들어지고 팔릴까? 바로 이윤을 추구하는 시장의 집요하고 창조적인 집중력 덕분이다.

시장에서 창조력의 원천은 무엇일까? 합목적적 인간 행동이 창조력의 원동력일 것이다. 스스로 설정한 목표, 자기 이익을 확보하기 위한 집요하고 치밀한 전략과 선택이 합리성이고 합목적성이다. 그러면 결국 인간 합리성의 발로는 이기심이 된다.

시장 경제가 굴러가는 기초는 바로 인간의 이기심이다. 자신의 경제적 이익을 확보하기 위해 인간의 필요와 불편함을 끊임없이 관찰하고, 이를 해결하기 위해 창조적으로 고민하고, 또 실패를 거듭하기도 한다. 그 고통스러운 시간을 지나 하나의 상품이 만들어져 소비자의 손에 들어온다.

그 실패의 시간을 서울대학교 이정동 교수는 〈축적의 시간〉이라고 부른다. 온갖 시행착오를 온몸에 흉터처럼 갖고 있는 사람이 절정 고수이고, 이들을 통해 새로운 발전이 이루어진다는 것이다.

앞에서 공산주의 혁명의 실험이 실패한 원인으로 인간 본성에 대한 잘못된 가정을 지적했다. 인간의 이기심은 그 어떤 법 제도, 사상 체계, 윤리·도덕적 지침에 의해서도 무너지지 않았다. 다른 한편으로 인간의 이기심을 인정하면서도 권력에 의해 파괴적으로 활용된 예도 있었다.

히틀러 나치 정권은 세계 공황 시절 독일 경제가 어려운 원인을 경제적 상황에서 찾지 않고, 소수 인종에 대한 편견으로 왜곡시켰다. 1929년 10월 뉴욕 증시 붕괴로 시작된 미국의 대공황은 독일에도 심각한 영향을 미쳤다. 1928년 140만 명이던 연평균 실업 인구가 1929년에는 190만 명, 1930년에는 310만 명, 1931년에는 450만 명, 1932년에는 560만 명으로 눈덩이처럼 불어나 독일 인구의 3분의 1을 차지한 것이다.

이런 경제난 속에서 나치당은 급속히 세력을 확대해 나갔다. 히틀러의 심복 요제프 괴벨스는 경제적 어려움으로 불만에 가득 차 있던 독일 국민을 선전·선동해 새로운 적을 만들어 주었다. 나치는 유대인들이 장악한 금융 회사들의 과도한 욕심 때문에 경제가 파탄 지경에 이르렀다고 주장했다.

독일 국민의 불만은 유대인에 대한 적대심으로 표출되기 시작했다. 이를 활용해 히틀러는 권력을 장악하고, 그 대가로 유대인의 피를 역사의 재단에 뿌렸다. 인간의 이기심을 적대감으로 전환시킨 인류 문명사적 비극은 이렇게 시작되었다.

앞에서 공산주의 혁명도 결국에는 가난한 자들을 프롤레타리아 계급으로 규정하고 이들에게 내재한 이기적 증오심이 가진 자, 즉 부르주아 계급을 향하도록 함으로써 그 동력을 얻을 수 있었다.

결국 이기심을 공동체가 어떻게 소화하느냐에 따라 그 운명이 달라진다고 할 수 있다. 적대심으로 전환한 사례가 있는가 하면, 혜택을 통해 이기심을 누그러뜨리거나 퇴화시키려는 시도도 있다. 과도하고 무분별한 복지 혜택으로 난관을 극복하려는 의지를 무력화하고 국가적 지원 체계에 의지하도록 만드는 것이다.

물론 코로나19와 같이 인류 역사적으로 유례없는 충격

상황에서는 유례없는 방식의 해법이 동원되는 것을 비판할 수 없다.

이기심을 공동체 내에서 소화할 수 있는 신념 체계가 자유주의라고 할 수 있다. 이기심을 발전의 원동력으로 수용하는 것이 자유주의다. 그러나 공동체 자체를 해치는 자기 파괴적 자유주의여서는 곤란하다. 이를 통상 자유방임주의라고도 부른다. 그러한 점에서 공화주의적 자유주의의 필요성이 대두하기도 한다. 즉, 공동체의 영속성을 유지하기 위해 법이 구성원의 자유를 일정 부분 제한하도록 하는 것이다.[133]

물론 이 법을 만들려면 구성원의 동의가 필요하다. 그래서 자유와 민주주의가 함께하는 것이다. 통일부 장관을 역임한 류우익 전 서울대 지리학과 교수는 〈자유는 자유민주주의 체제에서 가장 잘 지켜지고 있다. 세계사는 민주주의가 인간의 자유와 복지를 위해 가장 성공적인 체제임을 증명하고 있다〉라고 절절하게 주장했다.[134]

2
4차 산업 혁명 시대의 통일

4차 산업 혁명 시대의 자유민주주의

우리가 꿈꾸는 통일 대한민국은 미래의 일이다.

미래학자들은 미래가 우리 생각보다 빨리 다가온다고 말한다. 미래에는 4차 산업 혁명 첨단기술이 우리의 일상에 자리 잡을 것이다. 4차 산업이라는 인류 문명적 진보 현상이 국가 운영의 기본 원리로서 자유민주주의와 무관한가?

세계 질서 흐름 속에서 4차 산업 혁명은 어떻게 작동하는지 살펴보자.

2020년대 진행되고 있는 미·중 간 세계 패권 경쟁의 본질은 디지털 세계 질서를 둘러싼 것이다. 그 결과에 따라 자유주의 디지털 세계 질서가 될지, 전체주의 디지털 세계 질서가 될지 결정 날 것이다. 전체주의적 운영을 추구하는 중국이 플랫폼을 장악할 경우에는 모든 정보가 정부에 의해 통제됨으로써 자유로운 시장 활동뿐 아니라 국가 안보까지 중국의 감시와 통제를 받을 가능성이 우려된다.

미국과 중국 간 패권 경쟁이 마무리된 후 우리의 입장을 정하는 것이 전략적으로 신중한 판단이라고 할 수 있다. 그러나 현재 진행되는 기술 패권 경쟁의 성격을 생각해 보면, 이것이 얼마나 위험한 발상인지 금방 알게 된다.

2022년 10월 15일, 경기도 성남시 SK 판교 캠프 지하 3층 화재 사고로 카카오톡이 작동을 멈추자, 소통은 물론이거니와 금융, 쇼핑, 게임, 문화 콘텐츠 등 국민의 생활 전반이 마비되었다. 카카오톡은 무료 문자 서비스를 시작으로, 가입자 수가 늘어나자 이 플랫폼에 운송, 택배, 금융, 쇼핑 등 콘텐츠를 탑재해 카카오 제국을 만들어 나갔다.

카카오톡 회사를 비판하려는 것이 아니라, 디지털 플랫폼의 위력을 설명하려는 것이다. 이렇게 카카오톡이 장악한 디지털 플랫폼에는 다른 경쟁 플랫폼이 비집고 들어가기가 거의 불가능하다. 이것이 디지털 플랫폼 경쟁 세계의 생리다.

이론적으로 말하면 네트워크 효과라고 하는데, 한 국가가 장악한 네트워크 체계에 편입되는 국가 또는 기업들은 강대국에 의해 구축된 표준을 따를 수밖에 없어 생태계가

〈시선의 불평등이 일어나는 파놉티콘 구조〉

재편된다.

첫 진입자가 승자가 되어 독식하는 구조다. 4차 산업 혁명 시대 네트워크 구조에서는 네트워크 첫 진입자가 향후 경쟁자의 진입을 막고 정보를 독점하는 네트워크 효과를 통해 세계 질서의 재편을 주도하게 된다. 특히 네트워크가 커질수록 〈규모의 경제〉가 커지고, 참여 사용자에 대한 영향력도 커지기 때문에 첫 진입자가 절대적으로 유리하다.

다음으로 파놉티콘 효과와 병목 효과가 있다.

파놉티콘 효과는 소수 권력이 중심에 위치해 다른 사람들의 행위를 지켜볼 수 있게 설계된 구조 양식인데, 4차 산업 혁명 시대 비대칭적 네트워크 구조와 유사하다.

병목 효과는 네트워크에서 우월한 지위를 이용해 상대방의 정보와 돈의 흐름을 막는 강압적인 행사 방법으로, 허브에 접근한 소수는 법과 질서를 새로 규정하고 새로운 진입자에게 페널티를 부여함으로써 노드들을 관리한다. 이러한 점에서 현재 진행되고 있는 디지털 패권 경쟁의 승패는 우리의 삶과 밀접하다.

문명적 혜택을 함께 향유하는 통일을 위하여

4차 산업 혁명 첨단기술이 지속적으로 개발·발전하는 토양은 무엇보다 창조성이다.

일시적으로는 국가 주도로 자본과 행정력을 투입해 첨단기술의 추세를 따라잡을 수 있을지 모르지만, 시간이 지날수록 창조성이 뒷받침되지 않는 기술적 진보는 한계에 부딪힐 수밖에 없다.

특히 4차 산업 혁명 첨단기술들은 민관의 구분이 어렵고, 개인이 창조적 아이디어를 기반으로 소규모 자본으로 추진할 수 있다는 점에서 더욱 민간 분야에서 활성화가 중요하다.

그러면 개인의 창조성은 어디에 뿌리내릴 수 있을까?

자유로운 활동을 통한 자기 이익 창출 환경일 것이다. 이 점에서 다시 한번 자유민주주의 체제의 운영 방식이 필요하다는 것이 상식적 귀결이다.

내가 꿈꾸는 통일은 7천500만 민족이 문명적 혜택을 함께 향유하는 방향이다. 현재는 문명적 혜택도 분단된 상태다.

우리는 이제 익숙한 위성 사진 한 장을 기억하고 있다. 야간에 찍은 한반도 위성 사진이다. 대한민국은 대낮과 같이 밝은 불빛으로 빛나지만, 북한 쪽은 주체사상 선민들의 도시 평양을 제외하면 암흑과 같다.

아프리카 여러 나라를 돌아보며 배운 것이 있다. 물은 생명이다. 깨끗한 물이 있으면 일단 살 수 있다. 깨끗한 물이 없으면 온갖 질병에 노출되고, 물을 구하러 다니다가 맹수에게 습격당한다.

전기는 문명이다. 전기가 없으면 어두울 때는 자고 밝을 때는 일한다. 문명 생활이 없다. 전기가 들어와야 외부 세계의 정보를 접하고 문화를 향유할 시간과 공간이 생긴다.

북한의 밤은 암흑이다. 그만큼 문명적 혜택이 빈약하다.

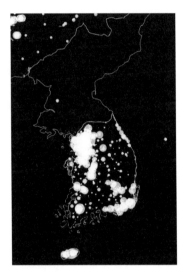

〈우주에서 본 한반도의 밤〉

통일이 그저 분단된 땅을 이어 붙이는 것이 되어서는 안 된
다. 공동체 구성원들의 삶이 통일을 통해 나아져야 한다. 함
께 번영하며 그 문명적 혜택을 함께 향유하는 통일이어야
한다. 그리고 그 문명적 혜택이 지속적이고 발전적이어야
한다. 이를 위해 자유민주주의 체제는 필수다.

주

1 최윤식,『미래학자의 통찰법』(서울: 김영사, 2014), 9면.

2 레이 커즈와일,『특이점이 온다』, 장시형·김명남 옮김(서울: 김영사, 2007), 22면.

3 위의 책, 24면.

4 양동안,「한반도 분단의 정확한 원인규명」,『정신문화연구』(제30권 4호), 2007, 169면.

5 국립통일교육원 연구개발과,『통일문제 이해』(서울: 국립통일교육원, 2021), 35면.

6 통일원,『통일백서 1994』(서울: 통일원, 1994), 63면.

7 위의 책, 61면.

8 통일부,『비핵, 평화, 번영의 한반도 – 윤석열 정부 통일·대북정책』, 2022, 28면.

9 Stanford University, "Artificial Intelligence and Life in 2030(One hundred year study on artificial intelligence"(Report of the 2015 Study Panel, September 2016).

10 Executive Office of the President, National Science and Technology Council Committee on Technology, "Preparing for the Future of Artificial Intelligence"(October 2016); "Artificial Intelligence, Automation and the Economy"(Desember 2016).

11 김상배,『4차 산업 혁명론의 국제정치학 – 주요국의 담론과 전략, 제

도』(서울: 사회평론아카데미, 2018), 22면.

12   김상배, 『4차 산업 혁명과 한국의 미래전략』(서울: 사회평론아카데미, 2017), 27면.

13   클라우스 슈밥, 『클라우스 슈밥의 제4차 산업 혁명』, 송경진 옮김(서울: 새로운현재, 2016), 12~13면.

14   위의 책, 25면.

15   Jeremy Rifkin, *The Zero Marginal Cost Society: The Internet of Things, The Collaborative Commons, and The Eclipse of Capitalism* (New York: Palgrave Macmillan. 2014)

16   김상배, 앞의 책, 21면.

17   KAIST 문술미래전략대학원, 『대한민국의 4차 산업 혁명』, 2017, 14~15면.

18   하원규·최남희, 『제4차 산업 혁명』(서울: 콘텐츠하다, 2015), 16~7면.

19   제성호, 「석암 배재식 선생의 학문세계 – 통일문제를 중심으로」, 『서울국제법연구』(제11권 2호), 2004, 35면.

20   「2018년 신년사」, 『로동신문』, 2018년 1월 1일 자, 1면.

21   「남북철도협력분과회담 공동보도문」, 통일부 남북회담본부, 2018. 6. 26.

22   「남북 철도연결 착공식 눈앞에」, 문화체육관광부 해외문화홍보원, 2018. 11. 26.

23   「남북철도 – 도로 공동조사 사업은 언제? 조사 결과는?」, 『한겨레』, 2018년 11월 28일 자.

24   「北 매체, 남북철도조사 공개 비난…상대방에 대한 예의도 모르는 무례한 처사」, SPN 평양서울뉴스, 2019년 4월 9일 자.

25   「[심층] 남북철도 연결 재추진 성사 전망과 한계는?」, 미국의 소리, 2020년 5월 6일 자.

26   『월간북한동향』, 통일부, 2020. 5.

27   「〈하노이 결렬〉 후 태도 바꾼 북, 한국의 약점을 드러내다」, 『한겨레』, 2021년 1월 12일 자.

28   「북한, 순안공항 활주로 연결 도로서 ICBM 발사…직전 발사 지점서 4km 이동」, 미국의 소리, 2022년 11월 23일 자.

29 https://twitter.com/JosephHDempsey/status/15190984024
65890304.

30 「軍, 공격용 미사일 北보다 많아…이스칸데르급 이미 작전 배치」, 연
합뉴스, 2019년 8월 1일 자.

31 「北, 미사일 기습발사 극대화…〈열차-TEL-잠수함〉 3종 세트 완성」,
『동아일보』, 2022년 1월 17일 자.

32 북한 도로·철도 사정은 KDB산업은행, 『2020 북한의 산업 I』 자료를
주로 참고했다.

33 이정식·김미나 외, 『통일 대비 한반도 건설 인프라 구축을 위한 공단
의 역할과 추진전략』(진주: 한국시설안전공단, 2014), 14면.

34 KDB산업은행, 『2020 북한의 산업 I』, 184~190면.

35 박용석, 『한반도 통일이 건설산업에 미치는 영향』(서울: 한국건설산
업연구원, 2016), 230면.

36 이상준·스테판 마렛케 외, 『통일독일의 지역개발 경험과 북한의
지역개발 과제』(세종: 국토연구원, 2000), 51~52면.

37 위의 책, 59면.

38 위의 책, 67면.

39 대한민국 정부, 『제5차 국토종합계획(2020~2040)』, 2019, 159면.

40 위의 곳, 160~161면.

41 건설교통신문, 2016년 2월 16일 자.

42 최유식, 『2030 대담한 도전』(서울: 지식노마드, 2016), 366면.

43 김규옥·문영준·김영국·이석주·조선아, 『자율 주행 교통물류체계
미래 전망과 정책 제언』(세종: 한국교통연구원, 2021), 54면.

44 박지영·우승국·이동윤, 『자율 주행 자동차 도입의 파급효과와 대응
전략』(세종: 한국교통연구원, 2018), 96면.

45 위의 책, 91면.

46 김주영·박지형 외, 『미래 교통수요의 변화 예측』(세종: 한국교통연구
원, 2016), 79~80면.

47 Susan Shaheen and Nelson Chan, "Mobility and the Sharing
Economy: Impact Synopsis"(UC Berkeley, 2015), pp. 2~3.

48 Millard-Ball Adam, Murray Gail, Jessica Ter Schure, Fox

Christine, Burkhardt Jon, "Car Sharing: Where and how it succeeds", TCRP report 108(Transportation Research Board, 2005), pp. 4~22.

49 김주영·박지형 외, 앞의 책, 56면.

50 위의 책, 59면.

51 대한건축학회, 『건축산업의 미래 이슈와 대응 전략연구』, 국가건축정책위원회, 2016, 98~99면.

52 김주영·박지형 외, 앞의 책, 104면.

53 TALKING LOGISTICS with Adrian Genzalez, "Why Wait for a Future of Drones and Driverless Cars? How to Solve the Same-day Delivery Puzzle Today", http://talkinglogistics.com/2015/07/02/why-wait-for-a-future-of-drones-anddriverless-cars-how-to-solve-the-same-day-delivery-puzzle-today/(2016. 9. 3).

54 OECD ITF, "Urban Mobility Systme Upgrade; How shared self-driving cars could change city traffic", 2015.

55 김정일, 『건축예술론』(평양: 조선로동당출판사, 1992), 110면.

56 위의 책, 27면.

57 이승우, 「김정일 시대의 〈건설〉: 특성과 전망」(석사 논문, 서강대학교, 2002), 72면.

58 김근용, 『북한의 거주실태와 주택투자 소요 추정, 건설경제』(세종: 국토연구원, 2008), 35면.

59 「조선신보〈北, 평양에 5년간 주택 10만 호 공급〉」, Daily NK, 2008년 1월 18일 자. https://www.dailynk.com/조선신보-北-평양에-5년간-주택-10만/

60 「조선신보〈평양 10만 호… 당 창건일까지 껍데기 올리라〉」, Daily NK, 2011년 10월 3일 자. https://www.dailynk.com/평양-10만호당창건일까지-껍데기-올/

61 「평양 10만 호 건설로 건축자재 수입 급증」, 자유아시아방송, 2010년 12월 30일 자.

62 「北 대학생, 월 100달러 내면 건설 동원 면제」, Daily NK, 2011년 8월 8일 자. https://www.dailynk.com/北-대학생-월-100달러-내면-건설-동/

63   데일리 NK, 2015년 1월 13일 자.

64   양문수, 『북한경제의 시장화: 양태, 성격, 메커니즘, 함의』(파주: 한울, 2010).

65   박세훈·김태환 외, 『북한의 도시계획 및 도시개발 실태분석과 정책 과제』(세종: 국토연구원, 2016), 118~119면.

66   위의 책, 89면.

67   조남훈, 「북한의 도시화 추이와 특징」, 『KDI북한경제리뷰』, 2013년 5월 호.

68   박용석, 『한반도 통일이 건설산업에 미치는 영향』(서울: 한국건설산업연구원, 2016), 23면.

69   송태수, 「대량 탈북 난민 발생 가능성 평가」, 박상봉·우광호 편, 『북한급변사태 대량 탈북은 기우』(서울: 21세기국가발전연구원, 2014), 119~155면.

70   이상준, 「북한지역 개발 협력 방향과 정책과제」, 『부동산포커스』, 2014년 11월 호, 31면.

71   위의 곳, 32면.

72   「평양 10만 호 신축건물, 내년 모두 붕괴? 北, 첫눈에 공사 다그쳐야 당혹감… 겨울철 부실 공사로 내년 봄 재앙 우려」, 『리버티헤럴드』, 2009년 11월 30일 자. http://libertyherald.co.kr/article/view.php?&ss%5Bfc%5D=2&bbs_id=libertyherald_news&doc_num=4055.

73   「평양서 23층 아파트 공사장 붕괴…〈상당한 인명 피해〉(종합)」, 연합뉴스, 2014년 5월 18일 자.

74   주성하, 『평양 자본주의 백과전서』(서울: 북돋움, 2018).

75   위의 책.

76   「조선로동당 중앙군사위원회 제7기 제6차 확대 회의 소집: 경애하는 최고령도자 김정은 동지께서 확대 회의 지도」, 『로동신문』, 2020년 9월 9일 자.

77   「북, 광산 검덕지구 태풍피해 복구에 군인 3만여 명 투입」, 자유아시아방송, 2020년 9월 14일 자. https://www.rfa.org/korean/in_focus/ne-kw-09142020064500.html.

78   이상준·스테판 마렛츠케 외, 『통일독일의 지역개발 경험과 북한의

지역개발 과제』(세종: 국토연구원, 2000), 55~56면.

79 *The Economist* (2000. 9. 30).

80 김철민의 SCL리뷰,「3D 프린팅 시대…미래 물류의 〈판(板)〉이 바뀐
다」, http://logiseconomy.tistory.com/2123.

81 이경숙·이임자 외,『3D 프린팅이 주요 산업에 미치는 영향과 대응 방
안』(세종: 산업연구원, 2016), 128면.

82 위의 책, 136면.

83 최윤식,『2030 대담한 도전』(서울: 지식노마드, 2016), 445면.

84 오주·오주신 등,「3D 프린팅 기술의 건축 분야 적용 가능성」,『한국
기술사회』(제62권 제9호), 2014, 41면.

85 정석재·이태희,「3D 프린팅 기술의 건축 분야 활용 동향과 경제성에
관한 연구」,『한국산학기술학회논문지』(제15권 제10호), 2014, 6, 338면.

86 『한국경제』, 2017년 5월 7일 자.

87 정석재·이태희, 위의 곳, 6, 339면.

88 「벌처럼 날아서 3D 프린팅 건물 짓는 드론 개발」, 전문건설신문,
2022년 9월 29일 자.

89 「집이 완성되었습니다」,『건축사신문』, 2020년 4월 21일 자.

90 「아파트를 프린터로 출력」, 한국아파트신문, 2022년 7월 23일 자.

91 〈주택난을 해결할 혁명은 3D 프린터? 건축가가 보는 3D 프린팅 건
축의 미래와 건축 혁명!〉,「셜록현준」, 2022. 6. 28. https://www.youtube.
com/watch?v=ZZeIKzuhzvE&t=523s.

92 김윤영,「북한의 대남 사이버공작 대응 방안 연구」,『치안정책연구』
(30권 2호), 2016, 247~248면.

93 Report of the Panel of Experts established pursuant to resolution
1874 (2009) (2019년 중간보고서), 26면.

94 김광진,「북한 사이버조직 관련 정보 연구」,『한국컴퓨터정보학회 하
계학술대회 논문집』(28집 2호), 2020. 7, 113면.

95 국방부,『국방백서 2020』(서울: 국방부, 2020), 23면.

96 https://www.crowdstrike.com/global-threat-report(검색일 2021.
10. 10)

97 United Nation Security Council, "Report of the Panel Experts

established pursuant to resolution 1874"(2019. 8), Annex 21.

98 위의 글, p. 4.

99 U.S. Department of the Treasury, "Treasury Sanctions North Korean State-Sponsored Malicious Cyber Groups"(Sep. 13, 2019); U.S. Department of the Treasury, "National Strategy for Combating Terrorist and Other Illicit Financing"(2020. 2)에서 같은 내용을 적시하고 있다.

100 U.S. Department of the Treasury, "Treasury Sanctions Individuals Laundering Cryptocurrency for Lazarus Group", 2020. 3. 2.

101 Brian Deese, Arati Prabhakar, Cecilia Rouse and Jake Sulivan, "Ministration's Roadmap to Mitigate Cryptocurrencies' Risks", White House, 2023. 1. 27. http://www.withhouse.gov/nec/briefing-room/2023/01/27(검색일 2023. 2. 5)

102 Chainalysis Team, "2022 Biggest Year Ever for Crypto Hacking with S3.8 Billion Stolen, Primarily from Defi Protocols and by North Korea-linked Attackers"(February 1, 2023), 7면. http://blog.chainalysis.com/reprots/2022-biggest-year-ever-for-crypto-hacking/(검색일 2023. 2. 5)

103 United Nation Security Council, "Report of the Panel Experts established pursuant to resolution 1874"(2020. 8. 28).

104 데이비드 생어, 『퍼펙트 웨폰, 핵보다 파괴적인 사이버 무기와 미국의 새로운 전쟁』, 정혜윤 옮김(서울: 미래의 창, 2019), 103~135면.

105 Department of Justice, "Three North Korean Military Hackers Indicted in Wide-Ranging Scheme to Commit Cyberattacks and Financial Crimes Across the Globe"(February 17, 2021).

106 2020. 7. 25. 전문가 인터뷰.

107 United Nation Security Council, "Report of the Panel Experts established pursuant to resolution 1874"(2020. 3), 65면.

108 *Forbes* (2017. 8. 3).

109 한국인터넷진흥원, 『2020년 2분기 사이버위협 동향보고서』(나주: 한국인터넷진흥원, 2020), 25면.

110 FireEye, "Ransomware Against the Machine: How Adversaries

are Learning to Disrupt Industrial Production by Targeting IT and OT", Threat Research (Feb. 24, 2020).

111 United Nation Security Council, "Report of the Panel Experts established pursuant to resolution 1874"(2019. 8).

112 *Wall Street Journals* (2018. 1. 8).

113 한국인터넷진흥원, 『2018년 3분기 사이버위협동향보고서』(나주: 한국인터넷진흥원, 2018), 31면.

114 United Nation Security Council, "Report of the Panel Experts established pursuant to resolution 1874"(2020. 3), 65면.

115 백남정·류요엘·김병직, 「사이버안전을 위한 암호화폐 이용 자금세탁 대응 방안 연구」, 『인문사회21』(제12권 3호), 1,403면.

116 United Nation Security Council, "Report of the Panel Experts established pursuant to resolution 1874"(2021. 4), 56면.

117 「북한 해킹그룹 라자루스 훔친 비트코인 세탁 경로 발견했다」, Daily NK, 2021년 10월 1일 자. https://www.dailynk.com/(검색일 2021. 10. 20)

118 Patrick Howell O'Nell, "North Korean hackers steal billions in cryptocurrency. How do they turn it into real cash", *MIT Technology Review* (Sep. 10, 2020).

119 「북 해커, 탈취 암호화폐 자금세탁 수법 정교」, RFA(2020.9.11).

120 연합뉴스, 2019년 9월 19일 자.

121 「북한 라자루스, 암호화폐 해킹에 방탄 호스팅 업체 이용」, 미국의 소리, 2020년 5월 26일 자.

122 김영찬, 『독일 통일과정에서 독일마르크화, 독일연방은행의 역할』 (서울: 새녘, 2017), 69면.

123 위의 책, 81면.

124 위의 책, 176면.

125 위의 책, 187~193면 참조.

126 고태봉 외, 『블록체인, 디지털 세상을 여는 열쇠』(서울: 하이투자증권, 2019), 169면.

127 프레더릭 S. 미쉬킨, 『미쉬킨의 화폐와 금융』, 이상규 등 옮김(서울: 퍼스트북, 2019), 60면.

128   BIS(Bank for International Settlement) "Ready, Steady, go? Results of the third BIS survey on central bank digital currency"(2021. 1).

129   「현금 사용 급감에…지난해 화폐 제조 비용 역대 최소」, 연합뉴스, 2019년 2월 4일 자.

130   안병선 등, 「가속화되는 중앙은행 디지털 화폐 도입과 시사점」, 『Trade Brief』, 한국무역협회, 2022. 8. 24.

131   박은진, 「북한의 달러라이제이션 실태 및 평가」, 『Weekly KDB Report』, 2019. 5. 27.

132   정인흥, 『정치사상가평전』(서울: 양영각, 1981), 217면.

133   모라치오 비롤리, 『공화주의』, 김경희 · 김동규 옮김(고양: 인간사랑, 2006).

134   류우익, 『제3의 성찰: 자유와 통일』(파주: 21세기북스, 2022).

지은이 **이인배** 중앙대학교에서 정치학에 입문해 박사까지 마쳤다. 석사는 정치사상, 박사는 국제정치학을 전공했다. 삶의 이력이 다채롭다. 외교안보연구원(현 국립외교원)에서 연구원으로 북한 문제를 다루기 시작했다. 여의도연구원에서 통일 외교 안보 문제의 추상도 높은 학문적 논의를 국민의 고민과 접목하기 위한 연결자로서 살기도 하고, 청와대 대북전략 담당 선임행정관으로 근무하며 대북 정책이 수립·집행되는 과정에 참여하기도 했다. 한국폴리텍대학 지역대학장으로서 청년의 미래를 고심하며 정치학에 과학기술 분야를 덧입히는 선물 같은 시간도 보냈다. 지금은 국립통일교육원장으로 통일교육 1호 강사를 자처하며 활동하고 있다. 한국권투인협회 회원으로 2전 2패 1KO패를 기록중이다. 주요 저서로는 『동북아안보공동체—협력 안보의 모색』(2005), 『동아시아, 갈등을 넘어 협력으로』(2011, 공저) 등이 있고, "A Study on Multilateral Approaches to Resolve the North Korean Nuclear Maze," *The Korean Journal of International Relations*, Vol.43, No.5(2003)가 있다.

한반도 운명과 두 개의 특이점

발행일 2023년 4월 1일 초판 1쇄

지은이 이인배
발행인 홍예빈·홍유진
발행처 주식회사 열린책들

경기도 파주시 문발로 253 파주출판도시
전화 031-955-4000 팩스 031-955-4004
www.openbooks.co.kr

ISBN 978-89-329-2319-2 03300